権利としてのボランティア

Rechtsanspruch auf freiwilliges Engagement?
Die vielfältigen Herausforderungen der Freiwilligendienste
und Engagementpolitik in Deutschland

権利としてのボランティア

ドイツ　「参加政策」の挑戦

渡部聡子
Satoko Watanabe

岩波書店

はじめに――ボランティア支援政策が問いかけるもの

自発性、公共性、非営利性を必要条件とする活動、と定義される「ボランティア」は、個人、社会、国家、それぞれの次元で多義的に理解される。個人の次元では、実際にかかわったことがある／ない場合の違いはもちろんのこと、子どものころに授業の一環でゴミ拾いをした人、あるいは大人になって町内会やPTAなど地域社会に組み込まれた活動やニュースで目にした災害の支援活動に携わった人など、ライフステージのどの段階で、どのようにかかわったのかによってもイメージは異なってくる。また、震災や水害などの災害支援、スポーツや文化の振興、子ども食堂、環境保護、青年海外協力隊などの国際ボランティアなど、各人がそれまで経験し、関与してきた活動のフィールド、規模、組織化の度合いによっても異なるだろう。

社会の次元でも、ボランティアはさまざまに理解されている。日本では一方において、社会への貢献に対する感謝や称賛が寄せられ、ボランティア自身にとっての成長や生きがい、楽しみなどの意義も注目されてきた。金子郁容は、自発的な行動の結果、周囲から批判され、傷つき悩む「バルネラブル」な立場に陥るにもかかわらず、ボランティアが自ら行動する原理を検討した。一九九二年に刊行された著書では、彼らが自らの価値観に基づくと同時に、相手との相互関係の中で、喜び、楽しさ、生きがいといった「報酬」を得てネットワークを構築するという、ボランティアの意義が肯定的に描かれた[1]。このように、個人にとって親しみやすく取り組みやすいボランティア像が示されていたことは、宮垣元の指摘する「必然」としての「ボランティア元年」の土壌の一つとなった。一九九五年一月一七日の阪神・淡路大震災は不可避の自然災害であったが、戦後の青少年の社会活動、一九六〇年代から七〇年代にかけての官民によるボランティア推進とその組織化、公害や消費者問題に対する住民運動、八〇年代以降の住民参加型在宅福祉サービス団体の登場などを経て、その時点で「ボランティア元年」の準備は整っていた。結果、震災後の一年間で、のべ一三七万七〇〇〇人がボランティアとして活動し、活動継続のためのネットワーク形成や基盤整備の必要性をめぐる議論を受けて、一九九八年に特定非営利活動促進法(NPO法)が施行された[2]。また教育学の立場からは内海成治が、ボランティアの必要条件と十分条件を整理するとともに学校教育におけるボランティア活動の意義と課題を検討しており[3]、桜井政成らも、米国の事例を中心に「サービスラーニング」の概念と実践を検討するなかで、教育機関におけるボランティア体験の教育的効果を積極的に評価している[4]。

しかし他方で、ボランティアの負の側面にも注目が寄せられてきた。ジャーナリストの本間龍は、二〇二〇東京五輪ボランティアを活動の過酷さと責任に比して極端に低待遇な「ブラックボランティア」と断じ、政府と大企業による「やりがい搾取」だとして痛烈に批判した[5]。ファシズム文化を研究する池田浩士も、ナチ時代のドイツと戦時体制下の日本における広義の「ボランティア」政策を事例に、国家により誘発され強要される「自発性」の問題を提起した。[6] こうした国家や市場による「動員」への警鐘、あるいは国家や市場が解決すべき問題を肩代わりしているボランティアの「自己満足」への批判は繰り返しおこなわれてきた。国際比較調査をおこなった小澤亘も、ボランティアを「偽善的」と認識する若者の比率の高さを日本の特徴の一つに挙げた。[7] このようにシニカルな「冷笑」を伴う批判パターンを、仁平典宏は「贈与のパラドックス」と呼び、その由来を意味論の立場から検証している。その整理によれば、一九九〇年代以降に主流となる楽しさや自己実現などの「報酬」に基づいて主張される「互酬性」概念や、二〇〇〇年代以降、公共サービスの民営化に伴ってボランティアに求められた市場への接近、さらには経営体としてのNPO（特定非営利活動法人）が言説の中心に移行するプロセスも、「贈与のパラドックス」の解決を試みる系譜のなかに位置づけられる。[8] これらの言説変容と同時に、猪瀬浩平の指摘する「ボランティアと政治を切り離す風潮」も強化されてきた。[9] 喜び、成長、生きがいなどの好意的な認識にせよ、偽善、自己満足などの批判にせよ、日本社会における「ボランティア」はきわめて「個人的」なものとして理解されてきた点に特徴がある。

本書は、このようにつかみどころのないボランティアについて、その支援政策のありようから把握することを試みる。政策に焦点を当てることで、国家の次元における「ボランティア」がどのように理解されてきたのか、なぜそのような状況が生じたのかを明らかにするとともに、政策に投影される国家のボランティア理解が、個人や社会の次元にいかなる影響を与え得るのか、考察を進める。しかしながら、ボランティア支援政策は、ボランティアそのものと同様、またはそれ以上に、多くの疑問を投げかけてくる。なぜ、自発的な個人の活動を国家が政策として支援する必要があるのか。ボランティアによって助けられる人々の存在がその理由だとすれば、本来、国家が果たすべき責任をボランティアに押し付けているだけではないか。ボランティアが経済的な支援を受けて活動する、ということは、活動することが支援の「条件」となっていることを意味し、それはもはや自発的ではなく、受け身ないし強制的な活動であって、労働市場における雇用の代替物ではないか。本書では、このような疑問や批判に対し、筆者が研究してきたドイツの具体的な事例――ここでは仮に「個人が一定の期間、生活の心配をせずにボランティアとして活動するための公的な支援枠組み」と表す――から検討する。政策の対象として定められた「ボランティア」とは何者であり、なぜ、国家が彼らを支援しているのか、ボランティアの社会的・経済的地位はどのように保障されるのか、その意義と課題は何か。結論を先取りして言えば、当該政策の特徴は、ボランティアとして活動すること自体を「権利」として捉え、活動のハードルを下げるとともに、彼らの社会的安全を保障する、という観点から形成されていることにある。期間と対象は限定されているが、ボランティアに安全・安心を保障し、その価値の政治社会的な承認を促してきた意義は大きい。しかしその一方、雇用との境界をいかに確保するのか、などの難問や、ボランティアの強制や義務化に結びつくのではないか、といった懸念と常に向き合わざるを得ない政策でもある。さらに当該政策の設計に際しては、ナチ時代に自発的活動が義務化された過去をいかに乗り越えるか、という観点が重視されていた。そのため、国家から支援を受け、高度に制度化、組織化が進んでいてもなお、自主性、批判性を保ち続けなければならず、政治参加や社会運動と接続する教育政策としての側面が重視されてきた。本書はこの政策をさまざまな角度から観察し、政策を必要とする人々に寄り添う視点と、政策に対する批判的な視点の双方を保ちつつ検討を進める。

ただし、「個人が一定の期間、生活の心配をせずにボランティアとして活動するための公的な支援枠組み」は、数ある政策のごく一部である。年間二八八〇万人と推計されるドイツのボランティア活動者総数のうち、[10] 本書が扱う支援枠組みを利用するのは年間約一〇万人に過ぎない。それにもかかわらず、他国の、このように限られた規模の政策に着目し、ボランティアとして活動する個人を直接、経済的に支援することについて考え、議論することの意義は何だろうか。その一つに、日本において、ボランティア個人への経済的支援や社会的地位の保障をめぐる議論がほとんどおこなわれていない現状がある。無論、学校を中心とする教育機関への支援や、NPOをはじめとする団体や組織に対する支援など、さまざまな政策はすでにおこなわれている。また、ボランティアの正当な評価や適切な支援の必要性は、これまでもたびたび指摘されてきた。たとえば小野晶子は、東日本大震災に際してボランティア自身の安全が確保されない事態が生じていたことを問題視し、ドイツの事例にも言及しつつ、ボランティアの受入体制を日頃から整備すべきと提言した。[11] また低額の報酬を伴う「有償ボランティア」をめぐっては、就労、ボランティア、独自の労働形態のうち、いずれの位置づけなのかが曖昧であることによる課題が指摘されており、[12] 法的検討の必要性も主張されている。[13] しかし、これらの指摘や提言は、ボランティア個人への経済的・社会的支援をめぐる政策的議論と必ずしも結びつけられてこなかった。ボランティア個人への公的助成が理解されにくい背景を仁平に依拠して整理すると、第一に、公的な財政援助と動員を同一視する必要はないにもかかわらず、公的助成により「国家に対する社会の自律」が脅かされ、国家による動員につながる、という懸念が根強いこと、第二に、個人の楽しみや生きがい、自己実現としての意義が「贈与のパラドックス」への反論として広く受け容れられた結果、政治や社会運動との乖離が進み、自発的な活動「であれば」自己責任で構わない、と理解される傾向も強まったことが挙げられる。[14]また第三に、終身雇用、年功序列を前提とする不払い労働(サービス残業)と、家庭内の家事・育児・介護、さらには地域組織等における無数のアンペイドワークに支えられてきた日本型生活保障システムが崩壊し、そもそも安心して働くことができない労働環境が常態化していることも、[15]議論すること自体を困難にしているだろう。

こうした現状を踏まえ、「自発的」が「やりたくてやっている」と解釈され、それならば自己責任、と片付けられる社会について、改めて考えてみたい。たとえば想定を超える出来事が生じた場合や、活動中に不利益を被った場合でも、ボランティア活動者自身がその責任をすべて引き受けるべきだろうか。身体的・精神的な疲労や経済的な理由で辞める場合でも、自らその道を選んだのだから自己責任であり、何ら不満を述べるべきではないのだろうか。また、災害ボランティアへの注意喚起にみられるように、ボランティアは情報の入手、必要な装備、ボランティア保険への加入に至るまで、すべて自己責任で準備すべきであり、「迷惑をかけない」ことを第一に行動すべきとされる。もちろん、何の準備もせず相手の負担となるような事態は避けなければならない。しかし、想定していなかった事態や、不当な扱い、一人で解決できないような難問、身体的・精神的苦痛に直面しても、ボランティアだから自己責任と考え、自ら口を閉ざしてしまうとすれば、彼らはその後、再び活動することを選択するだろうか。たとえば彼らが若く、経験の少ない場合には、すべてを彼ら自身の責任と捉えるのではなく、国や社会が責任の一端を担い、支援する可能性を探ることはできないだろうか。あるいは少なくとも、ボランティア自身が不満や改善すべき点を訴え、問題を提起することに対し、より寛容に受け止め、議論のきっかけとするような社会は望めないだろうか。

こうした問題意識は、筆者がこれまでドイツの政策について調べ、そこにかかわる人々を観察し、彼らと対話を重ねるなかで生まれてきたものである。無論、ドイツのボランティアが置かれた状況が理想的というわけではない。ドイツの「ボランティア(ないし「自発的参加」「市民参加」)」[16]にもさまざまな活動形態があり、社会と個人にとっての意義は批判的にも肯定的にも理解されている。非営利団体の多くが、少数の正規職員と多くのボランティアに支えられている構造も日本と類似している。しかし国家にとってのボランティアの位置づけは、日本と大きく異なる。それは一つには歴史的経緯によるものである。ドイツでは伝統的に、民間の大規模な福祉団体が公的補助を受けながら医療や介護、保育といった福祉サービスを担い、社会の基盤として広く認知されてきた。加えて、東西ドイツ再統一を経た一九九〇年代半ばからは市民による活動や社会・政治への参加を促すことで、現代社会の危機に対処しようとする議論が本格化した。二〇〇〇年代を中心に連邦、州、自治体で実施された、市民の活動や参加を促進するための一連の政策は「参加政策(Engagementpolitik)」[17]と総称される。本書が扱う政策も、この「参加政策」の柱の一つと位置づけられたことで急速な発展を遂げた。さらに、当該政策は、冷戦の最前線にあった旧西ドイツ時代から二〇一一年まで継続されてきた徴兵制とも不可分の関係にある。ボランティア参加者の大半が若者であり、彼らと同世代の若者が、就労や進学、職業訓練のほか、兵役とその代替としての民間役務といった多様な活動に従事していたことは、政策の背景としてきわめて重要である。こうした歴史的経緯と政治社会的状況に鑑みると、日本とドイツを同列に比較検討することはそもそも不可能である。加えて前述のように、ドイツの政策もさまざまな課題を抱えている。したがって本書は、ドイツの政策を模範として示すものではなく、日本で同様の政策を導入すべきことを主張するものでもない。

本書の目的は、ドイツの政策事例を題材に、その課題を踏まえたうえで、個人の自発的な選択と、その支援について、考え、議論するための礎を築くことにある。たとえば、ボランティアが今ある社会構造を温存してしまう、といった動員論的批判はよく知られているが、なぜ、ボランティア個人に対してシニカルな視線や「冷笑」が向けられてしまうのだろうか。ドイツでも同様の批判は存在するが、批判の矛先は主に、国や社会の構造的課題に向けられており、ボランティア個人を偽善だ、自己満足だと糾弾する視座はほとんどみられない。ボランティア自身が、彼らの社会的立場や待遇について意見や不満を述べることは日常であり、その訴えは、一定の理解をもって社会に受け容れられている。すなわち、ドイツのボランティアも日本と同様に不安定な立場にあり、不利益や課題を抱えているが、その解決を目指して議論がおこなわれること自体は妨げられていない。「やりたくてやっている」人々を支援する政策の分析は、こうした議論の端緒と位置づけることができる。

はじめに第一章「なぜボランティアを支援するのか――日独の事例から」では、フルタイムかつ生活保障を伴う長期ボランティアを中心に、日本とドイツにおける支援政策の現状を整理する。本書が扱う政策における「ボランティア」とはどのような人々なのか、その範囲と形態について説明する。続く第二章「負の過去と向き合う――ボランティア支援の歴史的展開」では、ナチ時代への反省のなかで実現した一九六四年の法制化をめぐる議論と、徴兵制と民間役務の停止による影響を最小限に抑える目的でおこなわれた二〇一一年の新制度導入をめぐる議論を比較し、なぜ戦後ドイツでボランティア制度が成立し、継続できたのか、また、なぜ二〇〇〇年代後半に大幅な拡大が実現したのかを、徴兵制との関係を中心に考察する。第三章から第五章にかけては、現代ドイツにおけるボランティア制度の政治社会的な意義とその複合的な課題について、「教育」と「包摂」の視点から示す。まず第三章「物言うボランティア――政治教育との接続」では、ボランティアに提供される教育プログラムの政治性、批判性を読み解き、ボランティアと現実の政治を結びつける政治教育としての実践による成果と、その課題を検討する。続く第四章「『承認の文化』に向けて――社会的包摂か、格差の再生産か」では、経済的・時間的な制約や身体的・精神的な障害にかかわらず、あらゆる人々にボランティアとして活動する機会を確保する、という包摂政策の理想が掲げられる一方、参加者構成が高学歴者に偏る実態があり、その改善のための制度改革も容易には進められない現状を、二〇一九年の法改正をめぐる議論から示していく。さらに第五章「なぜ義務化が支持されるのか――揺れるボランティア制度」では、戦後、たびたび繰り返されてきた「奉仕義務」、すなわちボランティアの義務化をめぐる議論を題材に、なぜこれほどボランティアの制度化が進んだドイツにおいて、今なお奉仕義務が一定の支持を得るのかを検討し、不安定さを増す現状を提示する。

自発的な選択であることを理由に、その支援について考え議論する必要はないと断じてしまうことは、その選択の背後にある政治社会的な構造上の課題を見落とし、検討の幅を狭め、思考停止を招く行為である。たとえば、なぜ同じ組織の中で同じ活動をしていても、安全や健康が守られる場合とそうではない場合があるのか。なぜ、同じ不便や不利益を抱えていても、発言しやすい立場とそうではない立場があるのか。そうした問いについて冷静に議論し、改善に結びつけるためには、個人の選択について、なぜその選択をしたのか、したいと望んだのか、あるいはしなければならなかったのか、背景にある構造的課題を含めて丁寧に、敬意をもって見つめ直す作業が必要である。なお、個人が自ら選択する活動はボランティアに限られない。たとえば働き方について挙げると、新卒・中途採用、正規・非正規雇用、起業、転職、フリーランスなどの選択があり、その内容にも、芸術家、文学者、スポーツ選手、政治家や研究者のように、しばしば「不安定」と形容される職業を志すことなど、さまざまな選択がある。また母性研究の立場からも、妊娠・出産とそのための準備、育児、そしてそれに伴う困難についても「自分で望み選択した」結果であり、自己責任と捉えられる傾向が指摘されている。(18) 無論、これらすべての論点を扱うことはできないが、本書が、個人のさまざまな「自発的」選択を念頭に、より寛容かつ建設的な議論の土壌を形成する一助となることができれば幸いである。

目次

第 1 章

なぜボランティアを支援するのか
——日独の事例から

なぜボランティアを支援するのか。この問いについてドイツを事例に検討する前に、なぜ支援しないのか、またはできないのか、日本における二つの事例を比較しながら考える。ただしここで言う「ボランティア」は、長期かつフルタイムであり生活保障を伴う、という限定された意味で用いる。日本におけるこのような形態のボランティアの事例として、「青年海外協力隊（二〇一八年よりＪＩＣＡ海外協力隊：協力隊）」がある。協力隊は、海外での開発協力等に従事する青少年や高齢者を支援するＯＤＡ（政府開発援助）政策の一環としておこなわれている。もう一つの事例は「一年間ボランティア計画」と呼ばれる民間事業である。この二つの事業は同じルーツをもち、ほぼ同時期に創設された。しかし「一年間ボランティア計画」は、規模も知名度も協力隊には遠く及ばないまま、二〇〇〇年代末にひっそりと終了した。本章ではまず、日本のボランティア支援政策の現状を概観したのち、長期ボランティアの支援事例として、協力隊と一年間ボランティア計画を参照し、政策の成立と継続を可能とする要件を検討する。その後、ドイツにおけるボランティア支援政策について、本書が扱う政策の概要を示し、どのような方法で長期かつフルタイムのボランティアが支援されているのかを提示する。最後に、本書で用いる訳語について、他の訳語と比較しつつ説明を加える。これらにより本書におけるドイツの「ボランティア」とはどのような人々なのか、どのような条件の下で活動しているのかを確認し、ボランティア支援政策の課題について議論する次章以降への端緒とする。

１　日本のボランティア支援政策

日本のボランティア支援政策としてはまず、総合的な学習の時間や特別活動、地域との協働などを活用した、学校教育におけるボランティア活動の推進が挙げられる。青少年教育施設など学校外でも、ボランティアに関する事業や交流の場が提供されている。また総務省と文部科学省による「主権者教育」をはじめ、各省庁も「社会形成に参画する態度を育む教育」にさまざまな形で取り組んでおり、(1)ボランティア支援は教育政策の一環として位置づけられている。一方、社会福祉の分野には、社会福祉法に定められ、民間団体ながら大きなインパクトをもつ「社会福祉協議会：社協」がある。社協は介護・生活支援、児童福祉、子育て家庭支援、困窮者支援など地域福祉の根幹を担う存在であり、同時にボランティアセンターとしての機能も有している。二〇二三年現在、市区町村に一八一七か所、都道府県・指定都市に六七か所の社協が設置されており、これらの中央組織として「全国社会福祉協議会：全社協」がある。社協で登録・把握するボランティア活動者数は七六八万人とされる（二〇一八年）(2)。さらに自然災害の発生時には、全国の社協が災害ボランティアセンターを立ち上げ、運営することが一般化しており、近年の被災者支援活動は、災害ボランティアと専門性を有するＮＰＯ等との連携のもとで展開されることが多い(3)。

それでは日本では、どのような人々がボランティアとして活動しているのだろうか。まず、五年ごとに満一〇歳以上を対象に実施される「社会生活基本調査」によれば、二〇二一年時点で「ボランティア活動」の行動者数は推計二〇〇五万六〇〇〇名、行動者率は一七・八％であった。なお行動者率は調査のたび減少傾向にあることが指摘されている。男女比は従来、女性がやや高かったが、今回は男性（一八・二％）に比べ、女性（一七・五％）がやや低い結果となった。年齢別では六五〜六九歳（二三・四％）を筆頭に六〇代〜七〇代前半の行動者率が高い。一〇代〜三〇代前半までの行動者率は総じて低く、最も低いのは二五〜二九歳（一〇・一％）である。[4] また、三年ごとに満二〇歳以上を対象に実施される「市民の社会貢献に関する実態調査」でも、社会生活基本調査に類似する結果が示されている。二〇二一年の一年間にボランティア活動を「したことがある」者は一七・四％であり、男性（一九・〇％）と比して女性（一六・〇％）の参加率がやや低い。さらに年齢別でみても、七〇歳以上（二一・一％）を筆頭に六〇代以降の参加率が高い一方で、三〇〜三九歳（一四・一％）、二〇〜二九歳（一四・九％）など、若い世代の参加率は低調である。ただし職業別にみると、ボランティア活動を「したことがある」と答えた者の割合が最も高いのは学生（二七・七％）であり、求職者・退職者を含む無職（一九・一％）や主婦・主夫（一五・四％）を上回る。有業者のなかでは公務員・団体職員の割合が高く（二七・三％）、自営業・家族従業者（二六・四％）、医師・弁護士等の資格職（一八・一％）と続く。その一方、派遣・契約社員、パートタイム従業者、アルバイトの割合は低く（計一四・四％）、すべての職業のなかでボランティア活動経験がある者の割合が最も低いのは会社員であった（一三・九％）。活動分野はまちづくり・まちおこしと、子ども・青少年育成が多く、他にも地域安全、保健・医療・福祉、自然・環境保全、芸術・文化・スポーツなど多様である。参加の動機は「社会の役に立ちたい」「自己啓発や自らの成長につながる」「自分や家族が関係している活動への支援」などが挙げられる。逆に、参加の妨げとなる要因としては「参加する時間がない」が最も多く挙げられ、「ボランティア活動に関する十分な情報がない」「参加する際の経費の負担」も課題となっている。(5)

このように、学校内外の教育政策、また社協やNPOなど組織を対象とする支援政策が主に実施されている日本において、ボランティア活動者の中心にいるのは六〇代以降の世代である。全世代的な減少傾向、なかでも特に若い世代の参加が少ないことが特徴であり、その要因として、時間的、経済的制約と情報不足が挙げられる。(6)こうしたボランティアの状況は、組織・事業の継続にも影響を及ぼしている。たとえば「特定非営利活動法人に関する実態調査」によれば、NPO法人が抱える課題のトップは「人材の確保や教育」(六二・九%)であり、「後継者の不足」(四四・三%)も「収入源の多様化」(四五・五%)と並んで深刻である(二〇二一年三月時点)。ここで言う「人材」や「後継者」がボランティアを指すのか職員を指すのかは明示されていないが、同調査によれば職員数の平均は九名、役員数の平均は八名である。(7)これに対し「社会生活基本調査」によれば、NPO法人で活動するボランティア数は二〇二一年時点で総計七四万名であり、(8)同時期の認証数(五万八五九法人)(9)から推計すると、一法人あたりのボランティア数は平均で一四・五名にのぼる。(10)平均値による単純な比較ながら、NPO法人は、役員・職員に匹敵する数のボランティアに支えられる構造にあると言えるだろう。しかし、これらボランティアに対して必要経費や謝礼の支給を「していない」NPO法人は四一・三%を占め、支給を「する」場合も食費・交通費・滞在費等の必要経費の支給または食事等・交通手段・宿泊施設・物品の提供が主であり(四四・七%)、何らかの形で謝礼を支給「する」法人は二四・一%である[11]。

以下ではこうした現状を念頭に、長期かつフルタイムで生活保障を伴う「ボランティア」について、日本における二つの事例から、その特徴と支援政策のあり方を検討する。

JICA海外協力隊

JICA《ジャイカ》海外協力隊は外務省が所管し、日本政府のODA予算により独立行政法人国際協力機構(JICA)が実施する事業である。事業目的は、(一)開発途上国の経済・社会の発展、復興への寄与、(二)異文化社会における相互理解の深化と共生、(三)ボランティア経験の社会還元、である。「青年海外協力隊」の呼称がよく知られているが、二〇一八年からはさまざまな応募区分の総称として「JICA海外協力隊」が用いられている。応募区分は二つに大別され、幅広い職種を募集する「一般案件」(青年海外協力隊等)と、専門的な技能や経験を必要とする「シニア案件」(シニア海外協力隊等)がある。いずれも二〇~六九歳の日本国籍をもつ者に応募資格があるが、一般案件のうち「青年海外協力隊」と、中南米の日系社会で活動する「日系社会青年海外協力隊」は二〇~四五歳のみが対象となっている。活動分野は計画・行政、農林水産、鉱工業、人的資源、保健・医療、社会福祉、商業・観光、公共・公益事業、エネルギー、の九つに大別され、募集職種は一八〇以上ときわめて多岐にわたる。二〇二三年一月末時点で累計五万五三二七名の派遣実績があり、世界六四か国で八二二名が活動中である。(12)なかでも青年海外協力隊は一九六五年の事業発足以来、約六〇年の歴史をもち、これまでに累計四万名以上が参加した。(13)

募集は春と秋の年二回おこなわれる。応募者は約四か月間の選考プロセスを経て、語学力や危機管理能力等を身につけるための「派遣前訓練」を七三日程度にわたり実施したのち、原則二年間、各国に派遣される。なお一か月～一年未満の「短期派遣」もおこなわれているが、応募資格や待遇等が異なるためここでは割愛する。長期派遣の隊員には、国ごとに金額が定められた現地生活費、往復渡航費、必要に応じて現地での活動経費が支給され、住居は原則、受入国政府により現物支給される。労災保険特別加入をはじめ、ＪＩＣＡによる災害補償制度、業務外の負傷や疾病等を補償する共済制度も整備されている。ただし派遣中の隊員は「海外居住者」扱いとなるため国民年金への加入は任意である。また休暇取得や一時帰国のための制度、家族を一時的に呼び寄せる際の旅費の一部補助などもある。さらに、無給休職または無職で長期派遣される場合には、日本国内で訓練期間等に必要となる経費のための手当や派遣期間満了後の協力活動完了金が支給されるほか、シニア案件に対しては経験者手当も支給される。(14)

こうした手厚い待遇と政府事業としての派遣形態により、協力隊は「ボランティア」ではない、との意見もある。しかし岡部恭宜は、内海成治が示した自発性、公共性、無償性の三要件にしたがい、協力隊を「国際ボランティア」と位置づける立場をとっている。岡部によれば、実施機関のＪＩＣＡ

が、協力隊の活動は「自発的参加の精神」に基づいておこなわれる、という立場を明確にしており、加えて隊員は基本的にＪＩＣＡの指揮命令系統下ではなく、自らの意思で活動内容を企画し、実践していることから、自発性の要件は満たされる。また公共性についても、途上国の人々の生活向上や経済・社会開発のために活動しており、要件を満たしている。一方、たびたび争点となるのが無償性の要件だが、これは非営利性とも表現されるように、経済的な報酬を「目的にしない」ことを意味しており、受給自体を妨げるものではない。現地生活費や国内手当はあくまでも「活動をよりスムーズで効果的なものにする」目的で支給されるものであり、給与とはみなされていない。加えて長期間、海外で実践されるという活動の特性により、同じ時間を労働など有償の活動に用いていた場合に得られたであろう報酬等の「機会コスト」、および、労働市場への「(再)参入コスト」が相対的に高くなることに鑑みると、各種手当の支給には一定の合理性が認められる。したがって無償性に反するとまでは言えず、協力隊のボランティア性は肯定される(15)。ただし前述のように、協力隊には未経験者も含めた幅広い層が応募可能な職種と、専門的な技能や経験を求める職種が混在しており、無給休職あるいは退職して参加する場合と、教員など有給休職の身分で活動する形態(現職派遣)の場合がある。隊員の派遣形態、活動内容によりその実態は多様であり、ボランティアの各要件の程度もさまざまに変化する。こうした多様な実態は、協力隊の事業目的に起因するものである。すなわち青年海外協力隊はその事業発足時から、海外志向で専門性を求める「開発協力」と、国内志向で教育的な「青年育成」という異なる性格をもつ目的を維持してきた。

岡部は、協力隊創設時の政治過程の分析を通じて、この多面的な性格の由来を、青年団体、自民党、外務省との間で成立した「妥協」の産物、と結論づけた。協力隊創設に至った要因としてはまず、東アジアの冷戦構造のなかにあった一九六〇年代初頭、安保条約改定への反対運動により悪化した対米関係を修復し、自由主義陣営の一員であることを示す、という国際的課題があった。そのため外務省は、政府による開発協力事業であることを重視し、専門性をもつ技術者を派遣すべきことを主張した。一方、国内においては、農村と都市における青年問題への対策として、青年団体の指導者らが、教育を目的とする若者の海外派遣について、一九五〇年代末から独自の構想を開始していた。なかでも協力隊の「生みの親」と称されるのが、戦後、引き揚げ者の支援や戦犯釈放運動などに取り組み「日本健青会」を設立した末次一郎《すえつぐいちろう》と、農村の次男三男の失業対策や青年団運動に取り組み、「日本青年団協議会：日青協」の副会長に就任した寒河江善秋《さがえぜんしゅう》である。日青協は当時最大の青年団体であり、日本健青会もその傘下にあった。彼らは青年団体等の指導者や関係者、大学教員らから成る「日本青年奉仕隊推進協議会」を組織し、米国平和部隊（Peace Corps）を視察、具体的な構想を提案するとともに、その実現のため、政府や自民党、青年団体など関係機関に働きかけた。同協議会は青年教育としての意義を重視していたため、技術者よりも青年を海外に派遣し奉仕活動をおこなうべきこと、そのために新たな財団法人を設けるべきことを主張した。しかし、最終的に採用されたのは、外務省が主管し、ＯＴＣＡ（海外技術協力事業団、のちのＪＩＣＡ）が実施機関となる外務省案であった。青年育成の側面は、官民有識者より成る協議機関を当時の総理府に設けることによって補完されることとなった。この結果は青年団体らの意に沿うものではなく、末次も「無念の涙を呑んだ」とされる。しかしこの創立時の「妥協」こそが、協力隊の持続的な発展のために不可欠であった、という岡部の指摘は重要である。第一に、開発協力、青年育成、さらに友好親善という多様な事業目的を有することで、さまざまな動機をもつ応募者を惹きつけることができた。第二に、協力隊が外交戦略の中に「埋め込まれた」政府事業として成立したことにより、予算や運営面での安定が維持された。そして第三に、青年団体をはじめ、自民党や地方自治体、帰国隊員などが、訓練、募集・選考業務、ネットワーク形成、広報など多方面でかかわってきたことにより、知名度の向上や社会的な受容が促されたのである(16)。

現在も、青年育成の側面は開発協力と並ぶ柱の一つであり、とりわけ帰国後の支援体制が重視されている。たとえば職場復帰や進路開拓、社会還元において協力隊での経験をどのように生かすかを考える「帰国後研修」をはじめ、帰国隊員のキャリアプランの策定などを支援するためのセミナーや勉強会が開催されている。また、個人の相談に応じる進路相談カウンセラーや、青年海外協力隊相談役が全国に配置されている。さらに、帰国隊員の進路開拓に役立つと判断された場合は技術・技能や免許・資格の取得、また就学・進学にかかる費用の一部を支援する奨学金事業がある。自治体や大学との連携も進められており、多くの地方自治体が、教員や職員の採用試験時に協力隊への参加経験を特別に考慮する選考制度を整備しており、一部の大学・大学院も入学時の特別措置や単位認定を定めている(17)。

一方で、こうした協力隊の政治的・社会的な受容が当初から存在していたわけではない。また直近のコロナ禍をはじめ、存続が危ぶまれる事態もたびたび生じている。たとえば日本の企業はかつて、帰国隊員を「個性が強く」「使いにくい」と認識しており、少なくとも二〇〇八年頃までは帰国隊員や協力隊経験者への求人はわずかであった。しかしその後「グローバル人材」への関心の高まりを経て、帰国隊員への求人は二〇〇九年の三〇四名から二〇一三年には二五〇六名へと急増し、現在では企業からの評価もほぼ定着した。また、二〇〇〇年代半ばには応募者数の急減が問題となったが、一年未満の短期派遣を制度化し、大学と連携することで、若者の関心を維持するための試みが続けられてきた(18)。先に述べたように、帰国後の支援体制が強化されていることも、応募者数の確保が意図されているのはもちろん、帰国隊員を採用する企業やNPO等をはじめ、社会における受容や評価を向上させるための試みと位置づけられるだろう。

このように、JICA海外協力隊は日本で唯一の政府による長期かつフルタイムの生活保障を伴う国際ボランティア事業だが、その意義や価値が認められるまでには一定の時間を要した。開発協力も青年教育も、その成果を可視化することは難しく、社会的な評価や認識も、常に安定しているわけではない。公的な財政支援があったからこそ、危機や時代の変化への対応が可能となり、小規模ながら継続されてきた。仮に公的なかかわりがなかったとすれば、関係者からの評価にかかわらず、危機に対応しつつ制度を継続させることも、社会からの理解を得ることも、困難を極めたと考えられる。次に示す「一年間ボランティア計画」は、そのことを如実に示す事例である。

一年間ボランティア計画

「一年間ボランティア計画」は、一八歳から三〇歳の若者が約一年間、全国各地の施設・団体に派遣され、その地に住み込んでフルタイムのボランティア活動に取り組むことを支援する事業である。社団法人日本青年奉仕協会(Japan Youth Volunteers Association：JYVA《ジバ》)により一九七九年から二〇〇八年までの約三〇年間、継続されていた。一九八九年発行の資料によれば、事業目的は「国内各地のさまざまな地域課題を、その地域で生活しながら、その解決のための手助けをする」ことと、「自分自身の生きる思想や社会を見つめる眼」を育ててもらうこと、であった。[19] 二〇〇二年度の調査でも、社会への「貢献」と青年自身の「学び」が二つの目的として紹介されている。後述する二〇〇三年度の「改革」以降は「地域のボランティア活動を推進するリーダー」の育成も目的に加わったが、青年海外協力隊と比べると、一貫して国内志向、かつ教育的な目的を掲げた事業であったことが見てとれる。実際の参加条件も「参加期間中、自宅を離れてその地に住み込むことができる」ことと、[20]「未知の場所で活動する意欲と情熱がある」ことのみである。活動場所も国内に限られており、海外志向や専門性、経験や資格等は求められていない。[21] 活動分野は幅広く、教育、保健・医療、ボランティア活動推進、環境保全、地域振興、平和・人権のほか、安全な食品の生産や公害のない社会を目指す生活改善、地域文化や伝統文化を守る文化分野、国内での国際交流・協力を支援する国際協力分野にも及んでいた。[22]

「一年間ボランティア計画」の開始当初から、活動先の調査・選定、応募者の選考プロセス、参加者および活動先の指導・助言・調整、研修の企画運営等を一手に担っていたのがJYVAである。その前身は、青年海外協力隊の創設にも尽力した「日本青年奉仕隊推進協議会」であった。同協議会は全国各地でワークキャンプを開催し、若者の奉仕活動推進に取り組んでおり、一九六七年、文部省より認可を受け、社団法人日本青年奉仕協会(JYVA)として発足した。その事業内容は、国内外のボランティアグループや団体、学校、企業、研究機関とのネットワーク形成、ボランティアに関する情報提供や出版活動、研究・交流の場づくりや国際交流等であったが、なかでも「一年間ボランティア計画」は、主たる事業と位置づけられていた。JYVA設立の立役者であり、会長も務めた末次一郎によれば、同計画の契機となったのは、全国各地でおこなっていた一週間ほどのワークキャンプや、「社会開発青年奉仕隊」と呼ばれる一か月間のボランティア派遣事業等の蓄積であった。これらの活動に参加した若者や関係者から、活動期間の長期化を望む提言や要望が出されたことを受けて、検討が開始された(23)。また、JYVA事務局長を務めた興梠寛《こうろきひろし》は、長期ボランティア事業の推進に向けた国際的な機運の高まりにも言及している。興梠は一九七五年、国連開発計画(UNDP)が開催した「世界ボランティア推進機関会議」に参加し、日常生活のなかで個人が自由に活動する「パートタイム・ボランティア(Part-time Volunteer)」の振興だけではなく、対象となる国や地域に長期間滞在して継続的に活動する「フルタイム・ボランティア(Full-time Volunteer)」の振興について議論されている現状を目の当たりにした。なかでもフルタイム・ボランティアを発案し、英国におけるボランティア派遣機関の創設に寄与したアレック・ディクソン(Alec Dickson)と知己を得たことによって計画が具体化

し、活動先、文部省、自治体、公益財団、民間企業、一般市民などの協力も得て開始されることとなった。(24)

募集は年二回おこなわれ、応募者にはJYVAによる第一次選考(書類審査)と第二次選考(面接)を通じて適性の確認と活動先との調整がなされた。活動先の内定後、JYVAと参加者、JYVAと活動先との間で合意書が交わされ、最終審査を経て正式に派遣が決定された。若者の教育と学びが重視されていたため、活動開始前の四月に事前研修(一か月程度)、九～一〇月に中間研修(一週間以内)、活動期間終了後の二月末～三月初めに総括研修(一週間程度)が実施されていた。また活動先にも、「ボランティアが一年間活動できるプログラム」の準備と、「活動、生活、学習の面で助言する担当スタッフ」の設置が求められた。参加者には住居、必要最低限の生活備品、月額約五万円の生活費、活動に伴う経費が活動先より支給され、研修に伴う経費と交通費、活動に必要な保険費等がJYVAより支給されていた。これは「生活経費に関する一切の心配をすることなしに活動に専念」できるように、との構想によるものであり、参加者の負担は当初、税金や健康保険・年金保険料等、最小限に抑えられていた。(25)

「一年間ボランティア計画」には二〇〇八年度までに累計一三三八名が参加し、約二四〇か所の活動先が彼らを受け入れた。最も多い年齢層は二二～二四歳、ほぼ一対二の割合で女性が多く、参加前の身分は学生または就労者がほぼ半々であった。参加経験者へのインタビュー調査では、その後の進路を考え、決定していく上で不可欠な一年であった、といった肯定的な評価が大半である。(26)参加者数は年に五〇名ほどの規模であったが、年間五〇〇件ほどの問い合わせがあり、募集期間には約一六〇～二〇〇名の応募があったとの記録から、一定の関心が寄せられていたことがうかがえる。また組織率一〇％ほどの「風人の会」と呼ばれるＯＢ・ＯＧ組織があり、応募者および参加者への助言などの支援もおこなわれていた[27]。しかし同計画は、二〇〇九年度の途中から実質的に停止し、二〇一〇年、財政難によるＪＹＶＡの解散とともに完全に終了した。ＪＹＶＡはもともと、会費、事業収益金、寄付金等を主な財源としており[28]、「一年間ボランティア計画」については開始から二〇〇二年度まで文部科学省からの補助金も得ていた。しかし補助金制度の見直しにより二〇〇三年度からは募集広報の一部経費を委託金で担うのみとなった[29]。そこで二〇〇三年度からは事業名称を「青年長期ボランティア計画」に変更し、活動期間を六か月以上一年以内へと短縮、応募者の選考と調整も活動先に委ね、ＪＹＶＡの役割を情報提供と相談対応に限定した。さらに参加者の生活費を減額し、「参加費」と保険代、交通費等も参加者の負担とするなど[30]、生活の心配をすることなく活動に専念できる、という従来の構想すら変える「改革」をおこなったが、破産と解散を避けることはできなかった。

なおＪＹＶＡをはじめとする青年団体やその連合組織の破産・解散が同時期に相次いだことについては、在野にありながら政界に人脈を有し、青年施策に強い影響力をもっていた末次一郎の死後、資金調達が困難となったことが一因とされている[31]。末次は戦後の引き揚げ支援、戦犯釈放運動を主導するなかで、後の自民党議員らと親交を深め、沖縄返還運動、北方領土返還運動を推進した「社会派右翼」として知られる。しかしその一方、戦後の青年運動や青年教育の制度化、組織化にも貢献した。

そのため近年、主に左派の運動や市民活動などの文脈において語られてきた参加型市民社会の成立に「右派」が果たした役割の検討が進められており、なかでも仁平典宏は、一九七〇年代にＪＹＶＡ内部で生じた「奉仕」から「ボランティア」への意味論の転換について詳細に分析した[32]。また秋葉武は、末次が戦後の左派的な言説や市民運動と接続し得た背景として、陸軍中野学校二俣分校でゲリラ戦専門要員として養成された末次自身の戦争体験による影響を示唆した。末次は国家・天皇と社会・個人を同一視せず、それらを相対化する国家観を有し、自発的、主体的な「個人」の確立に資するものとして「奉仕」を理解していた。そのため「天皇主義の保守」でありながら、政府や政治家に対抗することを辞さず、「市民運動」との結節点となり、後年のＮＰＯ、ボランティア、市民活動の基盤を形成した、と評価されている[33]。

ここまで検討してきたように、青年海外協力隊と一年間ボランティア計画の創設と発展に際しては、いずれも末次一郎が深く関与し、強い影響力を有していた。末次は青年教育において、民間団体による自発的、主体的な組織のあり方を望ましいと考え、青年海外協力隊が外務省所管のもとで実施されることに落胆したとされる。しかし、民間団体による青年教育を志向した一年間ボランティア計画は、参加者、関係者からの評価にもかかわらず、影響力のある末次自身の死去や政権交代、不況などの影響を受けて頓挫してしまった。長期かつフルタイムのボランティア支援の成果は可視化されにくく、その評価が定まるまで一定の時間を要する。それが政府の事業として実施されるということは、政治、経済、社会の状況に左右されず、長期にわたる継続を可能とし、その成果や意義が評価され、支持層が拡大されるまでの時間を確保することを意味する。政府事業としての制度設計の有無と、冷戦下における外交戦略の一環として政策に埋め込まれたか否かが、結果として、両制度の明暗を分けたのである。

2　ドイツのボランティア支援政策

ここからは、本書が中心的に扱う「ボランティア制度(Freiwilligendienste; voluntary service)」の概要を示し、ドイツの支援政策について検討する次章以降の足掛かりとしたい。まず、ボランティア制度の種類、歴史的展開、参加者数の推移と参加者の待遇、運営にかかわる団体、資金構造について概観し、全体像を把握する。ボランティア制度は連邦法で「市民参加の特殊な形態」と定められている。原則として一年間、自発的に、就労の意図なく、フルタイムで公共の福利のために活動する者を支援する公的なボランティア支援政策である。主な特徴は、長期かつフルタイムの活動を原則とし、最低限の生活を保障し、年間二五日以上の研修と受入先での指導を伴うことである。活動分野は幅広く、病院、介護施設、児童保護施設、児童・青年・生涯教育のための施設などにおける社会福祉分野や教育分野をはじめ、農園や農場、環境保護団体、自然保護区域などにおける環境保護や環境教育の分野、さらに、スポーツ、文化、芸術、記念碑の保護、災害支援のほか、海外における平和と和解のための活動がある。ただし公共の福利を目的とすること、労働市場に対して中立で補助的な業務に限られることが定められている。

「ボランティア制度」の種類

ボランティア制度の種類はドイツ国内、または海外における活動の二つに大別され、それぞれにいくつかの種類がある。国内の制度は二種類あり、その一つが「青年ボランティア制度(Jugendfreiwilligendienste)」である。「青年」と称されているように、対象は、義務教育修了後、二七歳未満の若者である。一九六四年の法制化当時から継続されてきた社会福祉分野と、一九九三年に開始された環境保護分野を中心に、スポーツ、文化など多様な活動分野を擁する(34)。各連邦州が管轄するため伝統的には連邦の関与が薄く、運営面、資金面の分権的構造が特徴である。もう一つの国内の制度は、二〇一一年に新設された「連邦ボランティア制度(Bundesfreiwilligendienst)」である。義務教育修了後であれば年齢制限はなく、中高年を含む全世代が参加できる。青年ボランティア制度と同様の活動分野のほか、災害支援に携わる活動もある。連邦市民社会庁(35)が直接、運営と資金の両面で関与する集権的な構造が特徴だが、これは設立の経緯による。二〇一一年に徴兵制が停止された際、兵役拒否者が従事してきた民間役務(Zivildienst)が停止されることによる福祉施設等への悪影響が懸念された。連邦ボランティア制度の設立目的は、それらの悪影響を軽減し、将来的な徴兵制再開に備えて最低限の人員を維持することであった。そのため兵役拒否者の管理、運営、教育のための人員と施設がそのま

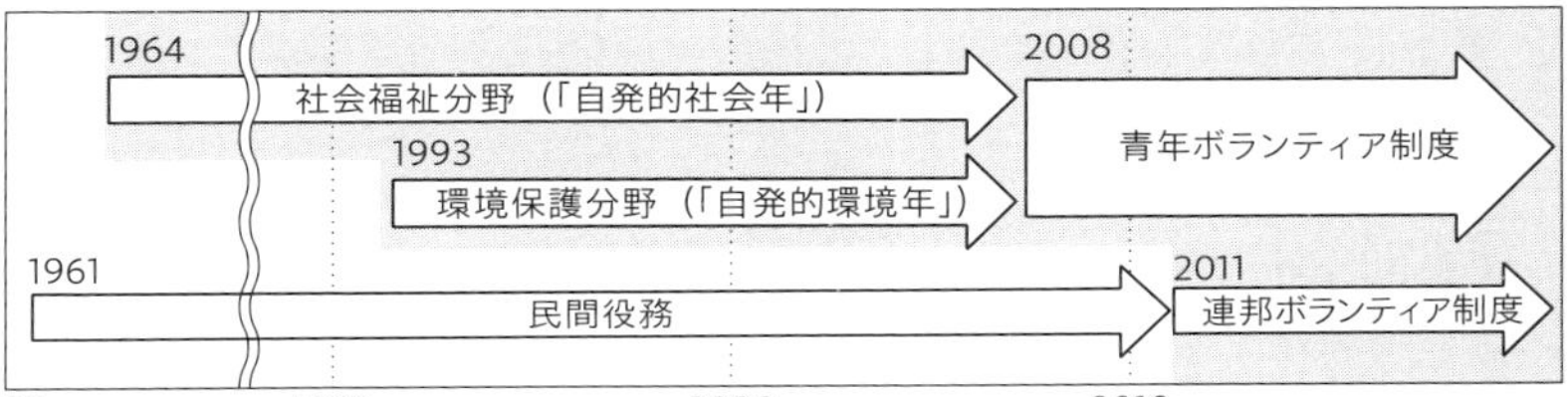

（筆者作成）

図1　ボランティア制度のドイツ国内における展開

ま活用されており、活動分野や州にかかわらず統一的に運営されている。

これら二つの国内における制度の違いは、その名称に顕著に示される。「青年ボランティア制度」は、もともと別の法的枠組みの下にあった社会福祉分野と環境保護分野を統合した経緯により、常に複数形(Dienste)で表記される。連邦法上は統合されたものの、運営にかかわる団体の多様性と自律性が重視されており、州政府ごとの方針も異なるため、活動分野ごと、州ごとに資金構造と運営方針に差異がある。一方、「連邦ボランティア制度」は、一貫して連邦市民社会庁が管轄しており、活動分野や州にかかわらず同一の実務的、資金的構造があるため、単数形(Dienst)で表記される。さまざまな活動分野を擁し、多様な団体が運営にかかわっているが、活動分野ごとの統計は実施されておらず、州管轄省は一切関与しない。ただし年齢による厳密な区分が設けられており、参加者が二七歳未満か二七歳以上かによって待遇や研修の運用などが異なる。

海外での活動を支援する制度の種類はより多様だが、本書では国内の制度を中心的に扱うため、概要を示すにとどめる。(36) 前述の青年ボランティア制度関連法には、社会福祉や環境保護等の分野に加え、平和と和解のための活動を海外で可能とする定めがある。その多くは二〇一一年以降、海外での活動に特化して整備された「国際的な青年ボランティア制度(Internationaler Jugendfreiwilligendienst: IJFD)」として、連邦家族・高齢者・女性・青年省(Bundesministerium für Familie, Senioren, Frauen und Jugend: BMFSFJ. 以下、「連邦家族省」と表記する)のもとで実施されている。(37) 一九八六年の導入以来、兵役の代替役務として認められ、国際理解と和解を主目的に実施されてきたプログラム(Anderer Dienst im Ausland: ADiA)は徴兵制停止後、連邦ボランティア制度関連法の下で継続されている。また、ドイツ外務省から支援を受け、ドイツユネスコ委員会が運営する文化教育政策のプログラム(kulturweit)が二〇〇九年に開始されたほか、(38) 連邦経済協力・開発省の支援を受ける開発政策のプログラム(weltwärts)も二〇〇七年から継続されている。(39) さらに、EU(欧州連合)の青年戦略として「欧州連帯隊(European Solidarity Corps: ESC)」がある。これはドイツを模範に一九九六年から実施されてきた「欧州ボランティア制度(European Voluntary Service)」を発展的に解消し、二〇一八年に開始されたプログラムである。二〇一八〜二〇二〇年度はボランティア活動、EUの連帯に資するプロジェクト、職業訓練、就労が支援対象であったが、二〇二一〜二〇二七年度には職業訓練と就労が除外され、ボランティア活動、国際交流、EUの連帯に資するプロジェクトのみが対象となった。二〇二一〜二〇二七年度の総予算規模は一〇億ユーロを超えるが、EUの青年戦略のうち、学校教育・高等教育・職業教育・生涯教育の包括的な支援を目的とするエラスムスプラス(Erasmus+)の同時期の総予算二六〇億ユーロと比較すると、その規模と役割は限定的である。この理由としてズザンネ・フート(Susanne Huth)は、EU

の青年戦略では、非公的な教育より公的な教育の方が、また長期かつ個人的な活動よりも短期で国際的な若者の交流の方が重視される傾向があることを指摘した(40)。なお、二国間協力事業として「独仏ボランティア制度(Deutsch-Französischer Freiwilligendienst)」がある。これは独仏和解のための社会的協調を目的に設立され、両国政府から支援を受ける独仏青少年事務所(41)が一九六三年から展開してきた交流事業である。留学、語学コース、就労、職業訓練などの事業と比べて小規模であるものの、フランスでもボランティア制度(Service Civique)が整備されたことを受けて、現在では双方の国の若者が同数かつ同期間参加する交換プログラムとして実施されている。この交換プログラムという構想自体は一九八〇年代から議論されてきたが、両国におけるボランティア支援政策の政治社会的理解と歴史的展開が異なっていたため、枠組みを揃え、二〇〇七年からの試行を経て二〇一〇年に正式に開始されるまでに長い時間を要した(42)。

歴史的展開

ここで、ドイツ国内の制度を中心にこれまでの歴史を概観してみよう(第二章に詳述)。ボランティア制度のルーツは一九世紀にまで遡る、との見解もあり、たとえば一八三六年にはプロテスタント教会のテオドール・フリートナー牧師(Theodor Fliedner)が、一八四〇年にはグスタフ・ヴェルナー副牧師(Gustav Werner)が、それぞれ社会福祉分野での活動を呼びかけている。またカトリック教会も、二〇世紀初めに同様の呼びかけをおこなった。ただしこうした動きは互いに結びつきのない散発的なものであった。第一次世界大戦後の一九三一年には、ワイマール共和政のハインリヒ・ブリューニング首相(Heinrich Brüning)のもとで「自発的労働奉仕(Freiwilliger Arbeitsdienst)」が開始された。この制度は若者の社会福祉分野における活動を支援していたが、若者の高い失業率を背景に労働政策の一環として導入されたものであり、厳格な規律と組織に支配された軍隊的性格をもっていた。さらにナチスの台頭に伴い、一九三五年には「帝国労働奉仕(Reichsarbeitsdienst)」として兵役とセットの義務労働へと変質した。このように、奉仕活動を支援する制度が国家のプロパガンダと軍隊的な規律のために利用され、義務化されたという過去も一因となり、現在でも、自発的な活動の義務化や失業対策としての位置づけに対しては、根強い抵抗感が観察される。

今日の青年ボランティア制度の直接のルーツは、一九五〇年代のプロテスタント教会による取り組みにある。第二次世界大戦後、介護・福祉の現場で深刻であった労働力不足を背景に、一九五四年、ヘルマン・ディッフェルビンガー牧師(Hermann Dietzfelbinger)が若い女性に対し「人生のうちの一年を他人のために献げよう」と呼びかけ、「ディアコニーの一年(Diakonisches Jahr)」を開始した。これに続きカトリック教会側は「教会のための一年(Jahr für die Kirche)」を始め、民間福祉団体も同様の試みを開始した。これらの活動に参加する若者の権利の保護を目的として一九六四年に連邦法に定められた「自発的社会年(Freiwilliges Soziales Jahr)」が、青年ボランティア制度の礎である。[43] 一九八〇年代には教会、政党、青年団体、環境保護団体等から、環境保護分野でも同様の法制化を進めるべきことが主張された。彼らはまず「自発的社会年」の枠組みにおける導入を試みたが、運営主体らの反発により成功には至らなかった。そこでいくつかの州が主導し、連邦とも協力しつつモデル計画が実施された。その成功と若者の支持を受けて一九九三年、連邦法に定められたのが「自発的環境年（Freiwilliges Ökologisches Jahr）」である。さらに二〇〇二年の法改正ではスポーツ、文化・芸術、記念碑保護の活動分野が加えられ、「自発的社会年」または「自発的環境年」への参加が徴兵制の代替的民間役務として認められるようになった。これらは二〇〇八年の法改正で「青年ボランティア制度」として統合され、現在に至っている。一方、「連邦ボランティア制度」は徴兵制と民間役務の停止を受けて新設されたことから、二〇一一年当時は「革命」と称されるほど多くの議論を呼び、批判や懸念の声が寄せられた。しかし現在、少なくとも懸念されていたような青年ボランティア制度との深刻な競合はなく、多くの団体が双方の制度の運営にかかわる協力関係を築き、青年ボランティア制度とともに社会に定着している。対象層を中高年に拡大し、参加者数が増加したことにより政治社会的な存在感も向上しており、その意味で「成功例」との評価は妥当である[44]。ただ本書で扱うように、さまざまな課題が今なお指摘されている。

参加者の待遇

二〇二〇／二〇二一年度の国内および海外におけるボランティア制度の参加者総数は九万七四五九名だが、これはコロナ禍の影響を受けたやや低い値である。通常は年間約一〇万名程度が参加しており、うち九万名以上がドイツ国内で活動している[45]。青年ボランティア制度の参加者約五万六〇〇〇名のうち、ほとんどが社会福祉分野で活動している。環境保護分野の参加者数は約三〇〇〇名とわずかである。連邦ボランティア制度の参加者は約三万八〇〇〇名であり、活動分野ごとの集計はおこなわれていないが、そのうち環境保護分野の参加者は二五〇〇〜三〇〇〇名程度と推計されている(46)。

連邦ボランティア制度の特徴の一つは全世代が参加可能なことだが、二〇二〇/二〇二一年度の参加者のうち、二七歳未満が二万八一六四名であるのに対し、二七歳以上の参加者は一万六九九名であった。これはメインの対象層が「若者」であるため、二〇一五年以後、二七歳以上の参加者数を約一万名に抑えるよう参加枠が調整されるようになった結果である。なお海外で活動する参加者は比較的少なく、先ほど挙げたすべての制度を合わせても七〜八〇〇〇名にとどまる。本来「ボランティア制度」とは、これら国内および海外におけるさまざまな種類の総称だが、参加者の大半が国内で活動する二七歳未満の若者であり、進学や職業訓練、就職など将来の進路を決めるまでの期間として参加しているため、国内の制度のみを指して「ボランティア制度」の語が用いられる場合がある。本書で扱うのも主に国内の事例であることから、以下、特に断りのない限り、国内で展開される青年ボランティア制度と連邦ボランティア制度の総称として「ボランティア制度」を用いる(次節で詳述)。

ボランティア制度の参加者の待遇は制度を問わずほぼ同等に整備されており、参加する側からすれば、その違いは些細なものである。参加者には社会保険(健康保険、介護保険、失業保険、年金)が完備され、二五歳未満の参加者の両親は児童手当を受給する(47)。労働の対価としての報酬は受けないが、年金保険料算定限度額の八%未満(二〇二四年は月額六〇四ユーロ)を上限に「小遣い(Taschengeld)」(48)が支給

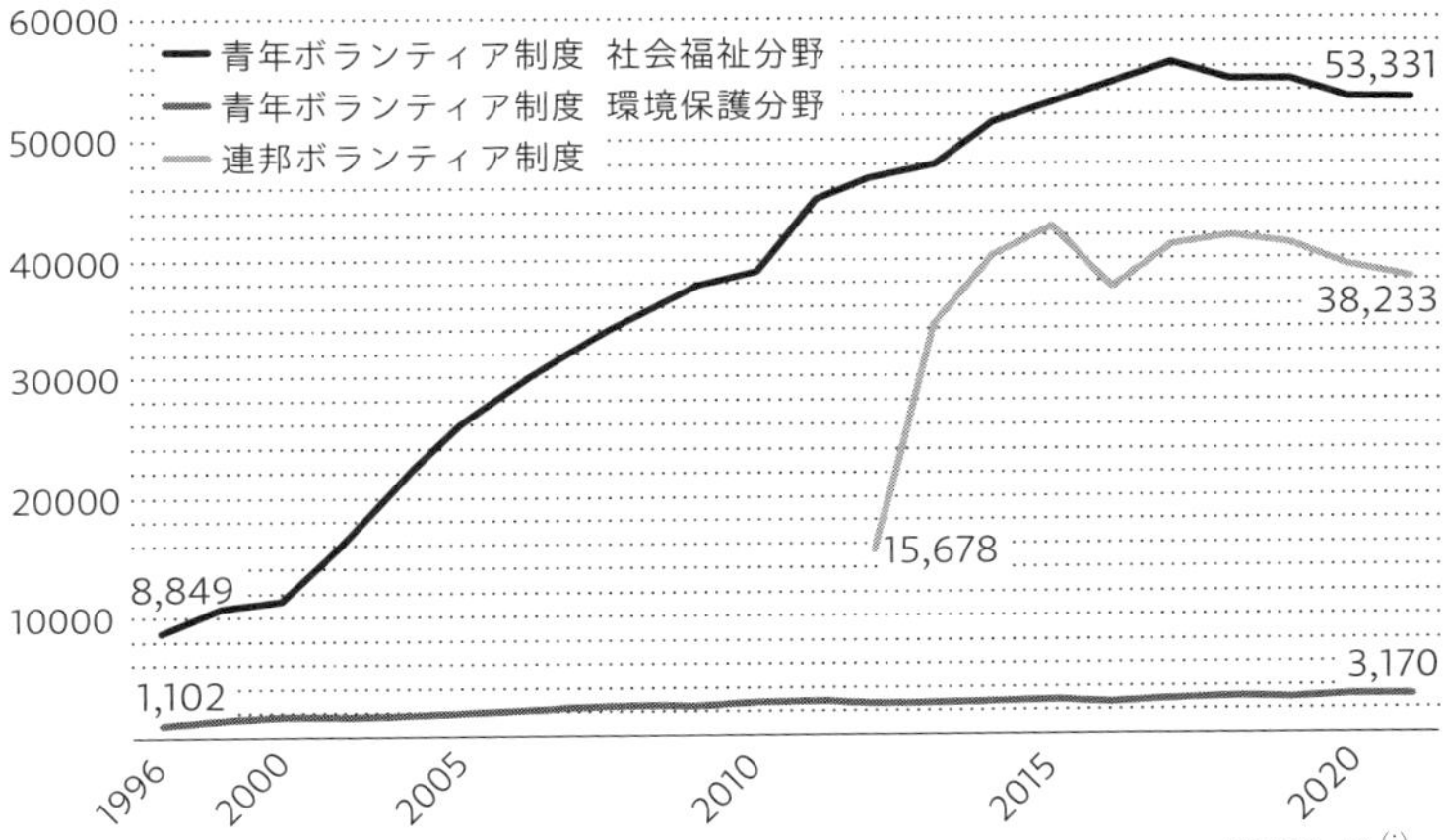

（筆者作成）(i)

図２　参加者数の推移

され、住居、食事、作業着（または相応の現金）が提供される。ただ年齢に起因する違いはいくつか存在し、活動期間は最短六か月、最長で一八か月（例外的に二四か月まで延長可）と定められているが、青年ボランティア制度では大多数が一年間、活動を継続するのに対し、連邦ボランティア制度の活動期間はより多様である。また、二七歳未満の参加者には通常雇用相当（フルタイム）の活動時間が定められているのに対し、連邦ボランティア制度の二七歳以上の参加者には、週二〇時間以上のパートタイムでの活動も認められてきた。二〇一九年の法改正により、二七歳未満の参加者にもパートタイムが認められることとなったが、育児、介護、障害といったフルタイムでは参加できない理由を証明できる場合に限定されていた（第四章に詳述）。二〇二四年には再び法改正がおこなわれ、二七歳未満の参加者も理由を問わずパートタイムでの活動が認められるようになったが、この法改正（注47を参照）については稿を改めて論じる。さらに、両制度の参加者には年に二五日間の研修が定められているが、連邦ボランティア制度の二七歳未満の参加者は、うち五日間を連邦主催の「政治教育セミナー」に充当しなければならない。二七歳以上であれば「適切な範囲で」セミナーに参加すれば良い[49]。

なお、ボランティア制度には、失業給付（Arbeitslosengeld II. 二〇二三年一月一日より「市民手当」）を受給する失業／求職中の者であっても参加することができる。「小遣い」は原則、所得として算入されるが、二五歳以上の参加者は二五〇ユーロまで、二五歳未満の参加者は小遣いの五三八ユーロまでが所得として算入されないことが定められた（二〇二三年七月一日より）。ただし住居および食費等（または相応の現金給付）は従来通り、所得として考慮される。ボランティア制度への参加は「就労を妨げる重要な個人的事由」とみなされることから、彼らはボランティア制度に参加する間、就労の義務を負わない[50]。

このように、いくつかの年齢による違いを除けば参加者の待遇はほぼ同等に整備されているため、ボランティア制度の種類は参加者にとってさほど重要ではなく、むしろ運営にかかわる団体にとって重要である。それは、参加者の衣食住、小遣い、社会保険料、研修等にかかる費用について、どの機関がどの程度負担するのかが制度により異なり、結果、運営にかかわる団体の負担も変化するためである。

運営にかかわる団体

運営にかかわる団体としてはまず、参加者が活動をおこなう拠点となる施設・団体を意味する「受入先（Einsatzstellen）」がある。受入先を認定するのは、青年ボランティア制度では運営主体（後述）、連邦ボランティア制度では連邦市民社会庁である。青年ボランティア制度の場合、社会福祉分野にかかわる施設が最も多く、介護・福祉施設、児童・青年支援施設、医療施設が多数を占めるが、文化・芸術や記念碑保護にかかわる施設、スポーツ施設等も認定されている。環境保護分野としては、環境教育施設が最も多く、次いで環境保護団体、農園、動物保護施設、環境省が続く。連邦ボランティア制度でも最も多いのは社会福祉関連の施設であり、環境保護分野の受入先はそれほど多くない。また、二〇一一年四月時点で旧民間役務の従事者を受け入れていた施設・団体はすべて連邦ボランティア制度の受入先として引き継がれ、旧民間役務の活動領域であった民間人保護と災害支援にかかわる施設も受入先として引き継がれている[51]。

次に、青年ボランティア制度の運営を担ってきた「運営主体（Träger）」がある。運営主体の組織構造は活動分野により大きく異なっており、社会福祉分野では「連邦法に定めのある運営主体」と、「州管轄省に認定された運営主体」の二種類がある。「連邦法に定めのある運営主体」として、民間福祉団体（Freie Wohlfahrtsverbände）[52]の連邦組織に所属する団体とその支部、宗教団体、地方自治体等がある。このうち民間福祉団体と宗教団体は一九六四年の制度開始以来、連邦組織と地方組織で業務を分担し、集権的に運営をおこなってきた。連邦に対する補助金の申請、地域ごとの運営主体間の交流とネットワークの構築、利害の代表などは連邦組織が担当し、募集手続きや参加者への個別対応、研修(セミナー)の企画・運営、受入先の監督などは地方組織や支部が担当する場合が多い。二〇二二年の報告書によれば、最も多くの参加者を擁するのがドイツ赤十字であり、次にディアコニー連盟を含むプロテスタント系の団体、国際文化社会事業連盟、パリテート福祉連盟、と続く。[53]これら「連邦法に定めのある運営主体」のほとんどは、現在では連邦ボランティア制度の運営も兼任している。他方、環境保護分野には「連邦法に定めのある運営主体」がなく、「州管轄省に認定された運営主体」のみで構成されている。[54]そのため社会福祉分野と比較すると、州管轄省との連携を重視する分権的な運営が特徴であり、州ごとの差も大きい。なお運営主体は就労との線引きを明確にする目的で設置されたものであり、その自律と多様な運営形態は「運営主体原則(Trägerprinzip)」と呼ばれ、尊重されている。青年ボランティア制度関連法では、参加者—受入先—運営主体の三者で契約が結ばれることが義務づけられ、運営主体の業務は参加者の権利保護、参加者と受入先との調整・監督、研修の実施、受入先の認定まで、ほぼ全般に及ぶ。[55]

一方、この「運営主体原則」が義務づけられていない連邦ボランティア制度で運営を担うのが、連邦市民社会庁、または同庁が認定する「中央組織(Zentralstellen)」である。中央組織は受入先の監督と利害調整、運営の支援と管理を連邦レベルでおこなう。ただし多くの中央組織が地域ごとに青年ボランティア制度の運営主体に相当する組織を設置し、連邦レベルと地方レベルで業務分担をおこなっている。これらの組織は青年ボランティア制度の運営主体を兼務する場合も多い。また大規模な環境保護団体も中央組織として認定されたため、環境保護分野にも集権的な要素が加わることとなった。さらに、連邦市民社会庁も中央組織として直接、運営を担う場合があり、その趣旨は、所属する運営主体や中央組織をもたない小規模な施設や団体も受入先として認定できるようにするため、と説明されている。[56]

資金構造

運営にかかわる団体の資金構造は、それぞれの運営主体や受入先により大きく異なる。青年ボランティア制度と連邦ボランティア制度の最大の違いは、連邦からの資金援助の規模と範囲である。運営や教育的指導に必要な経費は、連邦・州・EUの補助金、自己資金、寄付金等から構成されるが、補助金額や自己資金の負担割合は、制度により、また活動分野や運営主体によりさまざまである。ここでは連邦と州の補助金を中心に、各制度の資金構造の違いを確認する。

青年ボランティア制度の場合、連邦は、研修の実施など「教育的指導」のための補助金として、参加者一人当たり最大で月に二〇〇ユーロを各運営主体に交付する。特別な支援を必要とする参加者に対しては、申請により、一人当たり最大で月に一〇〇ユーロが追加される。[57]これに加え、多くの州が運営主体の状況に応じて補助金を交付しているが、州や活動分野により金額は異なり、すべての州が支援しているわけではない。

一方で連邦ボランティア制度の場合、資金構造の柱は連邦からの補助金である。「教育的指導」のための補助金として、参加者一人当たり最大で月に一二一ユーロが連邦から交付される。特別な支援を必要とする参加者に対しては、一人当たり最大で月に一〇〇ユーロが追加される。なお二七歳未満の参加者に義務づけられている連邦主催の「政治教育セミナー」は現物支給され、参加する際の交通費も一人当たり一回に限り支給される。さらに、小遣いと社会保険料として、二五歳未満の参加者に一人当たり月に最大三〇〇ユーロ、二五歳以上は最大四〇〇ユーロを上限に、連邦が実費を負担する。(58)このように、連邦ボランティア制度への連邦からの補助金総額は、青年ボランティア制度の二倍以上に及んでいる。

さらに、青年ボランティア制度における社会福祉分野と環境保護分野の差異も大きい。環境保護分野は州補助金に依存する資金構造が特徴だが、それは一つには、厳しい財政状況にある運営主体や受入先が多いためであり、もう一つには、参加者一人当たりに発生する費用が大きいためである。環境保護分野は伝統的に若者の「親からの自立」をコンセプトに、他州からの参加者を積極的に受け入れてきた。そのため、多くの参加者が出身地から離れた州で活動しており、住居費等が高額になりやすい。社会福祉分野でも一部の運営主体は州からの補助金を受けているが、民間福祉団体を中心に集権的な運営がなされていること、自己資金に余裕のある運営主体や受入先が多いこと、親元から離れずに活動する参加者も多いことなどから、州からの補助金額は低く抑えられている。(59)二〇二二年の報告書で示された試算によれば、参加者一人当たりの費用の月額は、青年ボランティア制度(社会福祉分野)と連邦ボランティア制度の平均九二〇ユーロに対し、青年ボランティア制度(環境保護分野)の平均

は九九〇ユーロであった。(60)

本節の最後に、ドイツ国内における青年ボランティア制度と連邦ボランティア制度の相違点を整理しておこう。第一に、受入先の認定は、青年ボランティア制度では各運営主体が、連邦ボランティア制度では連邦市民社会庁がおこなう。第二に、青年ボランティア制度における運営主体と州との関係は、集権的な社会福祉分野と分権的な環境保護分野で大きく異なるのに対し、連邦ボランティア制度では州は関与せず、連邦により一元的に管理されている。第三に、連邦の権限は、青年ボランティア制度では補助金の交付に限定されていたのに対し、連邦ボランティア制度では運営や研修も連邦が担うようになった。

こうした差異を念頭に置きつつ、本書の文脈における「ボランティア」とは主にどのような人々なのかを端的に示すと、最も多いのが、義務教育修了直後の比較的高学歴な若者である。その動機の多くは、進学や職業訓練、就職などの進路を決めるため、または進路が決まるまでの期間を有効に活用するため、あるいは個人的に成長するため、といったものである。先に示した二〇二〇／二〇二一年度の参加者数からも明らかであるように、参加者全体のおよそ九割は二七歳未満の「若者」である。男女比はおよそ六対四で女性が多い。連邦ボランティア制度の導入により、義務教育を修了した全年齢層に開かれたかたちとなったが、連邦議会(Bundestag)においても主要な対象層が若者であることが引き続き示されており、今後も年齢層は大きく変化しないと思われる。

課題として認識されているのは、学歴に明らかな偏りがあることや、移民・難民の背景をもつ者、心身に障害を抱える者などの参加率が低いことである。大学入学資格（Abitur）をもつ高学歴な参加者の割合が高いことは以前から指摘されているが、二〇二一年の報告書ではボランティア制度の種類による差異の大きさも示されている。青年ボランティア制度（社会福祉分野）五二％、連邦ボランティア制度（二七歳未満）六六％に対し、青年ボランティア制度（環境保護分野）で七一％、さらに海外におけるボランティア制度では九〇％が大学入学資格をもつ。移民・難民の背景をもつ参加者の割合についても、制度の種類により異なるが、六％から一八％と全体の二割以下である状況に変化は見られない。[61]これまでにも彼らの参加を支援するための施策が試みられてきたが、いまだ解決には至っていない現状がある。

3 訳語をめぐる検討

ここで、「Freiwilligendienste」の訳語として「ボランティア制度」を用いる意図について説明する。「自由意志による、自発的な、志願の」を意味する形容詞「freiwillig」と「奉仕、助力、サービス」を示す名詞「Dienst」を組み合わせたこの用語を正確に訳すことは難しい。[62]日本での研究は緒に就いたばかりであり、定訳も存在していないことから、今後も広く議論がおこなわれる必要がある。以下ではこれまでの経緯を含め、訳語をめぐるさまざまな課題を検討する。

これまでに用いられてきた訳語のほとんどが「制度」の語を付している。それは、法律に基づく公的な政策枠組みであることを明確にするという意味で適切と考えられる。次に、「Dienst」を「奉仕」と表す訳語として「奉仕活動制度」があり、筆者も修士課程でこの語を用いた。(63) しかし、「Dienst」の無私、利他性(Selbstlosigkeit)といった概念は規範的な意味合いを強く残す一方、「Freiwilligendienste」における「自発性」は完全に自由な意思決定を意味するのではなく、「国家による強制のないこと」という程度に位置づけられる、との指摘がある。たとえば参加者の動機は、「親にそうするよう言われたから」「失業したから」「大学入学まで待たなくてはならないから」等、さまざまであり、この文脈における「Dienst」を「主に個人的な動機を理由に、家庭や企業のためではなく、公共の利益のためにおこなわれる活動」と理解するならば、規範性や利他性を強調することは必ずしも適切と言えない。(64) 日本語の「奉仕」も、ナチ時代の「帝国労働奉仕」の訳語にみられる通り、国家と個人の同一視、あるいは国家からの給付や権利保障に対するいわば「見返り」であるかのように理解される場合も少なくない。無論、本章第一節で検討した末次一郎のように、自発的、主体的な「個人」の確立に資する運動論的な意味で理解される場合もあるが、自己犠牲的な規範性と結びつけられやすい「奉仕」の語は避けるべきと考えた。

そこで筆者は博士課程において、連邦議会の調査委員会が二〇〇二年に発表した報告書内の定義「市民参加の特殊な形態」を根拠に作成した、「市民参加促進制度」の訳語を用いた。(65) この報告書は、それまで年間一万五〇〇〇名にも満たない規模でおこなわれていた「Freiwilligendienste」が、その後一〇年足らずで年間一〇万人規模に拡充される契機となったという点で重要である。民間役務の社会的役割が大きく徴兵制を容易には廃止できない、というドイツ特有の事情により、徴兵制廃止と「市民参加(bürgerschaftliches Engagement)」の促進が一つの文脈のうえで議論され、その結果、「Freiwilligendienste」は強力に推進されることになった。したがって、明確な政治的意図をもって促進されるようになった現代ドイツ社会における「Freiwilligendienste」を表現するに際し、同報告書の定義を用いることは適切と考えた。ただ、この訳語の課題として、「市民参加」の日独における概念理解が異なることにより、制度の実態が伝わりにくいことがあった。日本語の「市民参加」は、政治参加とよく似た概念として用いられており、政府(行政、議会)への働きかけだけではなく、コミュニティやNPOといった社会に対する働きかけも含むと定義されている。[66]しかし自治体等で実際に用いられる際にはパブリックコメントや審議会への参加など、行政、議会との協働や働きかけが中心となっており、自発的な活動そのものとは別個に議論されることが多い。一方、ドイツ連邦政府は「Freiwilligendienste」を通じて、活動それ自体を支援することにとどまらず、市民の社会参加、政治参加を促すことも意図しており、「政治参加」を含む概念として「市民参加」が理解されること自体は不適切でない。それでもなお、住民参加や政治参加だけではなく、ボランティア活動そのものも支援する制度であることを都度、補足する必要があり、概念的・歴史学的な市民社会論をめぐる論争の展開も相俟って、難解でイメージがしづらい、という課題は大きかった。

そのため本書では、簡潔かつ広く一般に知られ、イメージが容易な「ボランティア」を含む訳語を用いることとした。研究論文等ではこれまでに「ボランティア制度」(67)「ボランティア役務」(68)「有償ボランティア制度」(69)「ボランティア支援制度」(70)など、数多くの「ボランティア」を含む訳語が用いられてきた。いずれも英訳の「voluntary service」に近く、活動内容もイメージしやすい。しかしその一方、日本における「ボランティア」の語が日本で広く用いられているがゆえに、誤解を招く可能性もある。第一に、日本における「ボランティア」は、「無給の」「ただ働きの」という意味の「無償性」をもつと理解される傾向にある。これは「有償」を付した訳語があることからも言えるだろう。しかし国連による定義が示すように、英語の「volunteering」における無償性とは、「金銭的な対価を主な目的としない」という動機をめぐる要件であって、無給という意味ではない。(71)それにもかかわらず「ボランティア」が単に無給の活動として認識されるのはなぜか。全国社会福祉協議会は、大学の単位取得のための活動や更生保護における対象者の奉仕活動、全校一斉の地域清掃や草むしりなど、自発性の有無を問わない活動も含め、すべて「ボランティア(活動)」と称されてきたため、との見解を示している。(72)第二に、「Freiwilligendienste」は、原則一年間という長期にわたってフルタイム相当の活動をおこなうものであり、参加者の社会的保護の観点から、職業訓練を受ける者と同等の範囲における社会保険が適用される。すなわちその活動は、就労、就学、職業訓練といったその他の活動と同時並行的におこなわれるのではなく、専属性、専従性をもつ。しかしＪＩＣＡ海外協力隊を唯一の例外とし、こうしたボランティアの形態が一般的ではない日本において、「ボランティア」の語からこれらの特徴を理解することは難しい。本書ではこれらの課題を認識しつつも、簡潔かつイメージが容易というメリットに鑑みて「ボランティア制度」の訳語に統一することとした。しかし訳語については今後、より広い議論が望まれることは改めて強調しておきたい。

本書では、特に断りのない場合、ドイツ国内で展開される「青年ボランティア制度(Jugendfreiwilligendienste)」と、二〇一一年に新設された「連邦ボランティア制度(Bundesfreiwilligendienst)」の総称として「ボランティア制度」の語を用いる。また、青年ボランティア制度における社会福祉分野(Freiwilliges Soziales Jahr: FSJ)・環境保護分野(Freiwilliges Ökologisches Jahr: FÖJ)は、直訳するとそれぞれ「自発的社会年」「自発的環境年」であり、これらは二〇〇八年まで別々の法律の下にあったが、本書では原則、直訳ではなく青年ボランティア制度の各活動分野として示している。ただし、法制化プロセスについて説明する第二章第一節から第三節では「ＦＳＪ」「ＦÖＪ」の略称を用いた。なお社会福祉分野(ＦＳＪ)の活動内容はさまざまであり、病院や介護施設、児童保護施設、社会教育施設での活動が主だが、スポーツ、文化、芸術、記念碑の保護なども「自発的社会年(ＦＳＪ)」ないし「社会福祉分野」の枠組みの下で提供されていることを付記する。

第 2 章

負の過去と向き合う

――ボランティア支援の歴史的展開

1　なぜボランティアの制度化が実現したのか

本書は、戦後ドイツで開始されたボランティア制度(Freiwilligendienste)を中心に扱っている。しかし、ナチズムと第二次世界大戦という負の過去は、現代のボランティア制度をめぐる議論にも影響を与えてきた。ナチ政権の下で、社会に貢献する活動が義務化された経緯があるためである。現在でも、ボランティア活動の義務化への抵抗感、忌避感は強く残っており、ボランティア制度が失業対策としての機能をもつことに対しても批判が寄せられる。その一方、義務化を肯定する主張もたびたび繰り返されており、自発性と義務、国家と個人の関係をめぐる議論が続いている。その背景にある要因の一つが、戦後ドイツで導入され、社会で広く肯定的に受容されてきた徴兵制である。

戦後、冷戦の最前線にあったドイツでは、一九五〇年代に再軍備が進められ、徴兵制も導入された。徴兵制は、二〇一一年まで半世紀以上にわたって続けられ、軍隊での兵役だけではなく、兵役を拒否する若者がその代替として従事する「民間役務」も大規模におこなわれてきた。民間役務の活動領域は福祉、介護、青年教育、環境保護など多岐にわたり、ボランティア制度の受入先と重複する場合も多かった。彼らは親しみを込めて「ツィヴィ(Zivi)」と呼ばれ、その活動が福祉国家の根幹を支えているとして、「社会の英雄(Sozialhelden)」と称えられ、感謝されていた。安全保障政策上の理由から徴集され、義務として活動する若者と、教育政策であるボランティア制度に自発的に参加する若者とが、隣り合わせで活動し、共存する状況が続いていたのである。徴兵制のない日本の感覚からすれば、奇妙な組み合わせのようにも思われるが、民間役務とボランティア制度が共存する状況は、両者に区別があることを知らない人々もいるほど、ドイツ社会に溶け込み、違和感なく受け容れられてきた。ボランティア制度の規模が拡大されたのは二〇〇〇年代半ば頃からであり、より大きな規模と知名度を維持していたのは、民間役務の方であった。そのため、たとえば、ボランティア制度の参加者が、自分の活動について「ツィヴィのようなもの、ただ、自発的にやっているというだけ」と説明することも日常的にあった。知名度の低いボランティア制度を理解してもらうには、その説明方法が、最も手っ取り早かったのである。それに加え、徴兵制には、「普通の市民」によって軍が構成されることにより、軍の暴走を防ぎ、過ちを繰り返さない、という文民統制の意義も付与されていた。このような背景から、自発性と義務、国家と個人の関係は、議論上だけでなく、実際の現場でも文字通り、隣り合わせにあった。

本章では、こうした戦後ドイツの展開を中心に据えつつ、近年の歴史研究に依拠し、戦前のナチ時代にも視野を広げる。しかし、ナチ時代の制度、いわば義務化されたボランティアを、現在の制度につながる歴史として捉えるべきなのか、それとも、すでに乗り越えられた過去として、全く別の制度と考えるべきなのか、という問いに答えることは難しい。ドイツでも、ボランティア制度に戦前からの連続性をみる歴史学的な視点がある一方で、独裁政権下でおこなわれていた制度と、民主主義国家における現在の制度を同列に扱うべきではない、との考え方もある。とりわけ、実際にボランティア制度の運営に携わる現場の人々にとって、ナチ時代の歴史をめぐる感情は複雑である。筆者自身、ボランティア制度の運営に携わる方に、ナチ時代の制度と「区別する(entkoppeln: to uncouple)」ことについて質問した際、「entkoppelnという言葉自体、ナチ時代と現代の制度が不可分であること(Kopplung: coupling)を連想させる。その視点も重要かもしれない。しかし、より良い運営のために日々、真剣に取り組んでいるからこそ、ナチ時代と結びつけられることにやるせない気持ちもある」との答えを得た経験がある。

現在のボランティア制度の基盤が形成されたのは、終戦から約二〇年を経た一九六四年である。なぜ、ドイツでは、この時期にボランティア制度の法制化が実現できたのだろうか。また、その際、負の過去への反省がどの程度意識され、制度設計に組み込まれたのだろうか。本章では、これらの問いに取り組むことを通じて、ドイツにおいて、国家と個人、権利と義務の関係がいかに理解され、政策に反映されてきたかについて考察したい。そのためにまず、ナチ政権下で社会に貢献する活動が義務化された経緯を概観する。次に、戦後、ボランティア制度の法制化が実現したプロセスを分析し、なぜ政治社会的なコンセンサスを得ることが可能だったのかを検討する。さらに、一九九三年に開始された環境保護分野の法制化プロセスと、二〇〇二年法改正時の展開を辿ることで、「義務から自発性へ」という戦前とは逆の転換が起こった二〇一一年の法改正を、徴兵制との相関関係のなかに位置づける。これらの検討を経て、ボランティア制度に寄せられる政策的期待が変容してきたこと、ただしそのなかにあっても、「ボランティアの安心と安全」という戦後の柱そのものは維持されていることを示す。

自発性から義務へ――ナチ政権下の展開

歴史学者のクリスティーネ・クリューガー(Christine G. Krüger)は、戦後のボランティア制度を一九世紀末から続く歴史のなかに位置づけることを試みた。なぜ自発的な活動が政策として推進されるのか、を時代ごとに追うことで、議論に類似性が見出されることを指摘したのである。彼女によれば、自発的な活動が政策として推進される際には、四つの変数が複雑に絡み合ってきた。四つの変数とは、ジェンダー、軍隊、労働市場、社会、の各状況である(1)。これら変数のパワーバランスに着目した分析枠組みの意義は、ボランティア制度を民主主義の成功のみと結びつけず、歴史に目を向けることの重要性を建設的に提案した点にある。

四つの変数について簡単に説明を加えると、ジェンダーとは、生物学的な性差ではなく、社会的、文化的につくられた性差のことである。時代や国、文化、個人の生まれ育ってきた環境によっても大きく変化するが、たとえば、雇用の担い手として男性を位置づけ、家事、育児、介護の担い手として女性を位置づけることなどが例として挙げられる。軍隊の状況とは、ここでは主に、徴兵制の有無やそのあり方を指している。ドイツの徴兵制には激動の歴史がある。第一次世界大戦後のヴェルサイユ講和条約では徴兵制が禁じられたが、ヒトラー政権下で復活し、第二次世界大戦の直後は完全な武装解除が求められた。しかし冷戦の激化とともに再び徴兵制が導入され、二〇一一年に停止されるまで継続されていた。こうした徴兵制をめぐる状況の変化は、ボランティア制度にも影響を与えている。労働市場の状況とは、端的に言えば、不況と失業率の上昇、それによる社会不安の程度である。ボランティア制度の「小遣い」は、雇用関係における賃金に比べれば低い水準であるものの、最低限の生活を保障するため、就労の代替として機能しうる。また逆に、好景気で失業率が下降した場合には、施設や団体にとって、人手不足を軽減する効果が期待される。社会の状況における「社会(Sozial)」は、「社会福祉」に近い意味で用いられている。ドイツでは、病気、障害、高齢、失業、災害などのリスクから個人を守るための仕組みを「社会的安全(soziale Sicherheit)」と呼ぶ。国家や自治体、民間の団体、あるいは個人が、どのように社会的弱者の安全を守り、保障していくのか、が社会福祉であり、多くのボランティアがその領域で活躍している。そのため、ボランティア制度は、誰が社会福祉に責任をもち、どのようにセーフティーネットを構築していくか、という福祉政策の考え方そのものを反映する(2)。

クリューガーがボランティア制度の源流として挙げる「労働奉仕(Arbeitsdienst)」の構想は、フランス革命を経た近代国民国家の成立期から議論されていた。選挙権をはじめとする国民の権利は、徴兵制などの義務と表裏一体のものと理解され、国民は、「権利＝義務」関係の中に位置づけられた。病人や困窮者のための奉仕活動を一定期間おこなわせることを意味する「労働奉仕」の議論の特徴は、多様な思想的背景が推進要因となっていたことと、個人よりも国家ないし共同体が優先する、という考え方が支配的であったことである。ドイツで労働奉仕をめぐる議論が本格化した一八九〇年代には、相反する二つの推進理由が観察された。その一つは女性の解放という方向性であり、男性の兵役に相当する義務として女性に労働奉仕を課し、その見返りとして、選挙権など、女性の権利獲得を目指す議論があった。同時に、伝統的なジェンダー観を固定する方向性も存在しており、社会的弱者を助ける活動が、主婦や母親としての役割を果たす際に役立つ、といった考え方もあった。ただしいずれの方向性も、国家レベルでの導入には至らなかった。他方、男性を対象とする議論にも、平和を目指す方向性と、戦争へと向かう方向性の二つがあった。平和を目指す方向性の一つはアメリカの平和主義者、ジェイムズ（William James）によるものである。彼は一九〇六年、「戦争に代わる道徳的行為（The Moral Equivalent of War）」と題する講演をおこない、若者を徴兵するのではなく、道路工事や建築などの事業に従事させることにより、誇り高い市民を育て、平和国家を建設することを提唱した。(3) ドイツでの平和運動の広がりは当初、限定的であったが、第一次世界大戦後から第二次世界大戦前までの戦間期には、共同生活、共同作業、自治による運営を特徴とする活動（「労働キャンプ（Arbeitslager）」）が民間レベルで広がりをみせた。ただし、国家レベルで実現したのは戦争へと向かう方向性である。初の総力戦となった第一次世界大戦下の一九一六年、ドイツでは、一七歳から六〇歳までのすべての徴兵されていない男性に対し、軍需産業をはじめとする戦争関連事業に従事することが義務づけられた。この「祖国勤労奉仕（Vaterländische Hilfsdienst）」は厳密に言えば労働奉仕と異なるものの、「国家には、国民の労働力を活用し、動員する権利がある」という考えが受忍されたという意味で、その後の展開に大きな影響を与えた。(4)

第一次世界大戦後のドイツでは、連合国側から提示された講和条約(ヴェルサイユ条約)により、徴兵制が禁止された。徴兵制には社会の規律を維持する役割があると考えられていたことから、その役割を代替する制度として労働奉仕を導入すべき、との主張が盛り上がりをみせた。規律の維持という役割への期待は、一九三一年にブリューニング政権のもとで導入された「自発的労働奉仕(Freiwilliger Arbeitsdienst)」でも観察される。その際、社会の規律を維持するとされたのは、徴兵制ではなく就労であった。自発的労働奉仕は、世界恐慌による失業者の急増を受けて導入され、失業中の若い男性が主な対象とされた。林業や土壌改良、道路建設などの分野でおこなわれた活動の目的は、失業率を下げることだけではなく、規律の維持や、社会的対立の克服でもあった。つまり、失業によって社会の規律が失われ、犯罪が増加し社会不安が生じるのを防ぐ意図があった。そのため、一般教育や職業訓練などのプログラムを提供する教育的機能が重視され、同時に、平和運動や若者運動の流れを汲む共同作業や共同生活を通じて、社会的対立が克服されることにも期待が寄せられた。「自発的労働奉仕」は当初、原則的には自発性を前提に実施され、平和主義者から右翼勢力まで多様な担い手が運営にかかわっていた。しかし、一九三三年にヒトラー政権が成立すると、労働奉仕への参加が入学や進学、就労の要件とされるなど、強制的な性格を強めていく。さらに同年半ばからは「強制的均制化(Gleichschaltung)」と呼ばれる関連組織のナチ化が急速に進行し、制服の着用、軍事訓練や行進などの特徴も備えるようになる。当時、表面上は自発的な制度として継続されていた理由は、国際的な軍縮の要請に従う態度を装いつつ、再軍備と徴兵制の導入に向けた基盤を確保するためであった。ただそれも長くは続かず、一九三五年には「帝国労働奉仕(Reichsarbeitsdienst)」として義務化され、徴兵制も再開された。「帝国労働奉仕」の特異性として、こうした明確な軍事目的と、人種主義的な思想の急進性、の二点を挙げることができる。人種主義的な思想とは「民族共同体(Volksgemeinschaft)」と呼ばれ、階級や身分を超えて国民(Volk)の共同体意識を形成する一方で、ナチ的観点から国民＝「民族同胞」になれないとされた人々の排除を通じて、国民の結束と統合を目指すものであった(5)。帝国労働奉仕もこの思想を反映し、二五歳未満の「すべてのドイツ人男女」に「名誉の奉仕」として義務づける一方、ユダヤ人をはじめとする「非アーリア人」を排除していた。ただ、こうした思想の急進性と排他性は特異であるものの、労働奉仕の構想そのものに新規性はなく、たとえば、雇用または軍事の主たる担い手としては男性が想定されており、女性の参加率はわずかであった。また、規律を維持する機能への期待や、「キャンプ」生活による社会的対立の克服、という教育構想にも、自発的労働奉仕との類似性が指摘される(6)。

図3　1937年ニュルンベルクナチ党大会で行進する「帝国労働奉仕」従事者(ii)

なお、ナチ時代の労働奉仕とその義務化は、失業対策として説明されることがある。世界恐慌により一九三三年に四八〇万人にのぼった失業者数はナチ政権下で急減し、一九三七年には九一万人になったことから、「ヒトラーが失業をなくした」との言説は戦後も長く続き、「労働奉仕は失業対策として効果があった」との主張もしばしば見受けられる。しかし、ナチが政権を掌握した段階で前政権の失業対策が奏功しはじめており、景気はすでに回復基調にあった。また、ヒトラーには財政赤字や国会の承認を考慮せずに法律を制定する権限があり、大規模な失業対策を実施できた。労働奉仕により年間三〇〜四〇万人の若年労働力が減じられたとは言え、結婚奨励策によって女性就労者が離職しており、一九三五年の徴兵制導入後は、毎年一〇〇万人以上の規模で若者が労働市場から消えていた。これらのことを考慮すると、労働奉仕の失業対策としての効果はもとより、巨額の負債による軍需経済の推進、占領地とユダヤ人からの収奪、外国人労働者の強制労働という犠牲の上に成立していたヒトラーの経済政策は評価に値しない。しかし実際の効果にかかわらず、労働奉仕への評価と期待は戦後も長く継続した。それは一つには、政府によるプロパガンダの結果、ヒトラーの失業政策が過大に評価されたためであるが、もう一つには、規律の維持や社会的対立の克服、といった一九世紀以来の労働奉仕の機能に対する期待が継続していたためである(7)。

一九六四年の法制化プロセス――戦後ドイツにおけるボランティア制度の成立

終戦から一九五〇年代初頭までは、戦後の荒廃と高失業率のなかで、雇用の主たる担い手として男性を想定する労働奉仕が民間レベルで試みられていた。当時はナチ政権下における労働奉仕を肯定的に捉える世論が大きく、失業率を下げ、規律を維持するという効果に期待が寄せられていたのである。しかし、軍隊的な規律の重視、雇用創出を目的とする制度のあり方、さらにその義務化を念頭に置く議論は、あまりにも強くナチ時代を想起させるものであった。そのため、特に政治的左派からの抵抗が強く、国家レベルでの導入に至る合意は得られなかった。(8) この展開と対照的なのが、一九五四年に開始された「ディアコニーの一年（Diakonisches Jahr）」である。ディアコニーの一年は、教会主導のもと、ごく小規模で開始されたのち、戦後社会に徐々に受け容れられた。参加者の社会的地位は保障されず、不安定な状態が続いていたが、一九六四年に「自発的社会年（Freiwilliges Soziales Jahr: FSJ）」として法制化が実現したことで、現代のボランティア制度につながる基盤となった。なぜ、ディアコニーの一年ないしＦＳＪは、戦後ドイツで政治的、社会的に受容されたのだろうか。以下ではまず、戦後ドイツの国際的な政治状況を概観し、そのうえで、連邦議会におけるＦＳＪの法制化に向けた議論を分析する。

一九四五年五月、ドイツの無条件降伏により、ヨーロッパの第二次世界大戦は終結した。当初はアメリカ、イギリス、フランス、ソ連の戦勝国による分割占領がおこなわれていたが、米ソを中心とする冷戦の深刻化に伴い、一九四九年、米英仏の占領地区にはドイツ連邦共和国（西ドイツ）が、ソ連地区にはドイツ民主共和国（東ドイツ）が建国された。その後、一九九〇年の東西ドイツ統一まで四〇年以上にわたり、二つのドイツの分断が継続する。西ドイツ初代首相に就任したドイツキリスト教民主同盟（Christlich Demokratische Union Deutschlands: CDU）のアデナウアー（Konrad Adenauer）は西側諸国の一員として信頼を得て主権を回復することを最優先に考え、のちのＥＵの基盤となる、独仏協調によるヨーロッパ諸国との政治経済的な統合と、ＮＡＴＯ（北大西洋条約機構）体制に重きを置くアメリカとの軍事協力を柱に外交政策を進めた。東側陣営と直接国境を接する西ドイツは冷戦の最前線にあり、朝鮮戦争の勃発によって冷戦が激化すると、西ドイツに再軍備を求める動きも加速した。厭戦感情に基づく世論の反発や、ドイツ社会民主党(Sozialdemokratische Partei Deutschlands: SPD)、労働組合、平和運動グループらによる反対もあったが、当時の西ドイツ社会においてソ連軍を脅威とみなす認識が支配的であったことに加え、この時期の選挙民にとって優先事項であった経済が好調だったことから、アデナウアーのリーダーシップは揺らぐことなく、一九五五年には連邦軍(Bundeswehr)が創設され、翌一九五六年に徴兵制も導入された。このように東側陣営への恐怖が現実として存在する中、政治・経済・軍事的な西側陣営への組み込みと、それに伴う主権の回復は国民から広く支持を得た。急速な経済復興も追い風となり、キリスト教民主同盟・社会同盟(Christlich-Soziale Union: CSU)との二大政党に自由民主党(Freie Demokratische Partei: FDP)を加えた安定的な政治基盤が確立された。[9] なおCSUはドイツ南部のバイエルン州で活動する地域政党であり、CDUと姉妹政党の関係にある。

現在のボランティア制度につながる試みが静かに、ごく小さな規模で開始されたのは、まさにこの時期である。一九五四年、プロテスタント教会の主導により、若者が半年から一年間、介護・看護などのケア領域を中心に活動する「ディアコニーの一年」が開始された。続いてカトリック教会も「教会のための一年」などの類似する試みを始めた。ただし、これらの活動に参加した若者の数は一九五四年から一九六三年までの累計で九〇〇〇名程度であり、平均で年間一〇〇〇名にも満たない小さな規模であった。また参加者の大部分は女性であり、男性は一〇%ほどに過ぎなかった。[10] 男性には兵役

が課せられていたことに加え、介護・看護・家事の担い手として女性が想定される傾向が強かったためである。(11)

「ディアコニーの一年」の提唱者らは、自己犠牲、隣人愛といった伝統的なキリスト教的価値規範と、ケア領域の深刻な人手不足を、その推進理由に挙げた。失業者が減少し、規律の維持を担うと考えられてきた徴兵制が再開される中にあって、失業対策、規律の維持、男性、といったナチ時代を思い起こさせうる要素は挙げられず、キリスト教的価値規範、ケア領域の危機、女性、が前面に押し出された。このことが、忌避感が生じにくかった理由の一つである。ただし、ケア領域の人手不足の背景には福祉国家の進展によるニーズの増大とケア領域の労働環境の不備という構造的課題があった。しかし、ディアコニーの一年の提唱者らがケア領域の危機の原因として主張したのは、消費社会の到来による個人主義の広がりと、自己犠牲の精神の喪失、という価値規範の問題であった。なお、キリスト教、ケア領域の危機、その担い手としての女性、というキーワード自体も新しいものではなく、前述のように、第一次世界大戦前の労働奉仕をめぐる議論でもすでに言及されていた。こうした伝統的なジェンダー観は、FSJの法制化に向けた議論でもしばしば見受けられ、ディアコニーの一年ないしFSJを「花嫁修業」のようにみなす傾

図4　ヘッケ連邦家族相(Bruno Hecke)に給仕するFSJ参加者(1965年)(iii)

向は、一九六〇年代後半まで継続していた[12]。

連邦議会では、一九六三年二月一四日、CDU／CSUとFDPによる法案[13]が提出され、一九六四年八月一七日に「FSJ促進法」が成立するまでのおよそ一年半、法制化に向けた議論がおこなわれた。その間、繰り返し議論され、確認されていたのは、主に以下三点である。第一に、長期間、フルタイムで自発的に活動する参加者の不利益を是正することの必要性である。法案理由は、社会奉仕のために自発的に活動する若者の地位を、職業訓練に従事する若者と同等に引き上げなければならない、と説明されている。当初、民間レベルでおこなわれてきたディアコニーの一年、ないしFSJは有給労働(Erwerbsarbeit)と解釈され、若者(当該法案の文脈では一七歳以上二五歳未満)が参加する場合であっても、活動期間中は児童手当をはじめとする子どもへの給付や税制上の優遇がすべて停止されることになっていた。これらの給付は職業訓練であれば維持されたはずのものであったため、参加する若者とその保護者を不当に不利益な立場に置くとされた。法案を提出したCDUは「若者たちがより良い職業に就いて収入を得る機会を犠牲にし、社会のための奉仕を無欲で引き受けてきた」ことを正当に評価するべきことと、「人間としての経験と内面の成長という教育的価値」があることを理由に、職業訓練と同等に位置づけなければならない、と説明している。このように、職業訓練と同等の扱いが目指されたことにより、FSJとして支援する対象は、若者による六か月から一二か月間の長期かつフルタイムの社会奉仕を目的とする活動に限定され、短期または散発的な活動は含まれないこととされた。FDPの議員も同様に、「自発的に役に立ちたいと考える者が、そのことによって個人的な不利益を被るべきではない」と述べている。一方で、「若い女性が家庭とケア領域について多くを学ぶことができ、彼女たちが将来、主婦や母親になった時に役立てることができる」との発言には、当時のジェンダー観も反映されている。

法制化プロセスで繰り返されていた第二の事項は、自発性に基づく活動を義務化してはならない、という政治的合意である。法案ではＦＳＪの義務化が明確に否定されており、「本質的な特徴は自発性にあり、決して義務化が検討されてはならない（ＣＤＵ）」「ケア労働の人手不足を義務により補塡するという考え方そのものを拒否する（ＦＤＰ）」ことが強調されるとともに、法案について検討する委員会でも一貫して否定されている。[14] しかしそれは裏を返せば、義務化へのステップではない、と繰り返し確認する必要があったことを意味する。当時はまだ義務化への「不安と期待」が混在していた。ＳＰＤの議員も、ケア領域の人手不足を補うために女性に奉仕義務を課すべき、といった世論があることに懸念を示している。自発性に基づくべき理由として挙げられているのは、慈善（カリタス）の本質に反するという内面的理由、ドイツの憲法に相当する基本法と相容れず、実務上の障壁が高いこと、義務化によりケア労働の評価や価値が引き下げられてしまうこと、さらに、自由と民主主義という価値規範であった。たとえばＦＤＰの議員は「基本法が保障する『自由』は単に自己実現を意味するものではなく、社会に対する責任を自ら引き受ける、という自由な意思決定を意味するものであり、それこそが『我々の民主主義』を成立させる」と説明している。ＳＰＤの議員も「社会の役に立つことを自ら望む若者の支援がなければ、我々の民主主義は機能しない」と述べている。[15]

このように、民主主義国家や社会への貢献と関連づけて「自発性」が言及されていることは、当時の徴兵制や兵役拒否をめぐる状況と無関係ではない。ドイツ連邦共和国(旧西ドイツ)では、一九四九年の建国当初から基本法第四条三項により兵役拒否権が認められていた(16)。しかし一九五六年に徴兵制を導入する際には、国家がその人民に兵役義務を課す権利は自明の原則であり、兵役拒否権はその例外、と解釈されていた。すなわち、兵役拒否者の位置づけは、個人的な内面の「自由」を保障する法治国家における制度内少数者に過ぎなかった。再軍備と徴兵制への反発は確かに大きかったが、徴兵制を支持する声も大きく、兵役拒否者への偏見も根強く残っていた。それに加え、「良心」の審査も純粋に宗教的、倫理的な理由に限られ、政治的信念や社会状況は認められなかったことから、兵役拒否の申請数はわずかであった。こうした状況は、一九六〇年代末頃からベトナム反戦運動や緊張緩和政策の影響を受けて徐々に変化し、「良心」の審査手続きも簡略化され、軍事的兵役の「代替」ではなく、兵役と対等かつ独立した「民間役務」としての評価を得て、一九九〇年代には、制度内少数者であった兵役拒否者がむしろ多数派となる。しかし少なくとも一九六〇年代半ばの段階では、すべての男性に兵役義務が課せられ、宗教上の少数者に兵役拒否が認められるのみであった(17)。ただし、FSJの法制化プロセスにおいて、徴兵制について直接の言及はほとんどみられない。むしろ、FSJが「兵役の代替役務として用いられるようなことは決してあってはならない」として、徴兵制とは関係のない枠組みであることが強調されている。それでもなお、当時の「自発性」が、社会に対する責任を理解し、自らを犠牲にして責務を果たすことにより国家に貢献する、との文脈でも用いられていたことは、実際に参加していた若者の意図と異なっていたにせよ、念頭に置く必要がある。

第三に、法制化プロセスでは、国家の権限を最小限に抑え、民間に運営を一任する制度設計についても繰り返し強調されている。法案理由書では、この法律は、これまで民間福祉団体や教会などが主導し実践してきたことに変更を加えず、むしろその本質を法的に守るために個別規定を提示するのみである、と明言されている。ＦＳＪの制度設計と実施計画は、運営にかかわる団体の責任の下、自由におこなわれる。また、連邦の果たすべき役割は、ＦＳＪに参加する若者の法的な位置づけを定めることに限られる、とされた。一方、連邦州はそれぞれの責任において、運営にかかわる団体を新たに認定することも、追加的な助成で支援することも可能とされた。

ここで、ボランティアの制度化が実現した要因を整理すると、女性を主な対象とし、キリスト教的価値観に基づくケア領域における活動が、帝国労働奉仕と直接的には結びつけられにくかったこと、すでに教会や福祉団体の主導で実践が蓄積されており、連邦政府の果たすべき役割が限定的であったこと、規模が小さく、参加者の不利益を防ぐという目的への理解も得やすかったことがある。さらに、しばしば国家や社会への自己犠牲として示されてはいたものの、自発性が揺るぎない前提として共有され、義務化を否定することについて各政党の見解が一致していたことも重要である。

こうして一九六四年にＦＳＪが法制化されたが、当時の規模は年間二〇〇〇名に満たず、主な活動分野は介護、看護や教育であった。現在のような、年間一〇万人が参加し、多様な活動分野を備えた

図 5　FSJ の広報パンフレットより
（ドイツ赤十字，1970 年代）[iv]

ボランティア制度として確立するまでにはいくつかの段階があった。一九六〇年代末から一九七〇年代には、「花嫁修業」やキリスト教の隣人愛、国家や社会に貢献するための自己犠牲、といったＦＳＪの当初の構想が変化していく。一九六八年に興隆した学生運動をはじめ、反核平和運動や女性運動における反権威主義は従来の構想と相容れず、ＦＳＪの参加者数は一九六〇年代末に初の減少を記録した。そこでＦＳＪの運営にかかわる団体らは、「民主主義的な生活様式の発展」を目指す新たな構想づくりに取り組み、参加者にとっての自己実現や人格形成に資する、という側面が強調されるようになった[18]。一九七三年、失業率の上昇を受けて参加者数は再び増加に転じたが、構想の新たな方向性は維持され、参加者の呼び方も「奉仕者、支援者（Helfer）」から「参加者（Teilnehmer）」や「ボランティア（Freiwillige）」へと徐々に変化した。

一九八〇年代半ばから一九九〇年代初頭にかけては、教会や環境保護団体などから環境保護のための活動も支援すべきことが主張され、「自発的環境年（Freiwilliges Ökologisches Jahr: FÖJ）」として法制化された。環境運動を起源の一つとするFÖＪは若者からの人気が高く、応募者の殺到に対応して短期間のうちに参加枠が急拡大された。しかし、ＦＳＪの運営にかかわる団体のほとんどが州からの追加的な補助金を必要としなかったのに対し、FÖＪでは州の補助金を必要とする小規模な団体が多かった。そのため州政府の方針により、補助金額は州ごとに大きく異なり、また、政権交代や財政状況による影響も受けやすい。以下ではこのＦÖＪについて、まず、一九九三年の法制化プロセスから脆弱な資金構造の起源を辿り、次に、制度設計の結果として生じた州と州の間の格差、ＦＳＪとＦÖＪとの間の格差が二〇〇二年の法改正に及ぼした影響を検討する。これらの検討を通じて、とりわけ二〇〇〇年代以降の展開が徴兵制をめぐる議論と不可分の関係にあることを示し、ボランティア制度の「革命」と呼ばれた二〇一一年の転換について詳述する。

２　象徴的政策としての環境保護――一九九三年の法制化プロセス

ここからは、社会福祉分野とは異なる独自性を追求してきた環境保護分野について、一九八〇年代半ばから一九九〇年代初頭にかけての「自発的環境年（ＦÖＪ）」の法制化プロセスを辿り、なぜ現在に至るまで、環境保護分野が州補助金に依存する脆弱な財政構造をもつのかを明らかにする。ＦÖＪはその起源として、キリスト教の社会奉仕につながるＦＳＪと同様の福祉政策的な側面をもつ一方、社会運動の文脈に位置づけられる新しい側面も併せもっていた。そのためＦＳＪの枠内で環境保護に活動分野を拡大するというごく初期の試みは成功せず、環境保護分野単独で、新しい制度を設立するに至った。その経緯と当時の議論からは、ＦÖＪとＦＳＪが財政的、構造的に異なるだけではなく、そのアイデンティティ上の基盤が異なることが示される。これらの差異は、二〇一一年の連邦ボランティア制度導入に対して、とりわけ環境保護分野から強い懸念が表明された要因としても理解される。結論を先取りすると、一九九三年、保守政党によって象徴的政策として導入されたF.Ö.J は、資金構造上の問題を残したまま詳細は州に委ねる、という制度設計がなされた。

ドイツにおける環境政策の進展と社会運動との関係については、すでにさまざまな議論がなされている。[19] 一九六〇年代末の西ドイツで展開された学生運動では、ナチスの非人道的行為をめぐる親世代の権威主義的傾向を、戦後生まれの学生が厳しく糾弾した。学生運動を経て一九七〇年代に展開された女性運動、反核平和運動といった一連の「新しい社会運動」では、市民が団体を形成して組織的に運動をおこなったことで、権威主義の克服が進展した。なかでも一九七〇年代半ば以降の原子力施設反対運動をきっかけに本格化した環境運動においては、その展開過程で誕生した「ドイツ環境自然保護連盟(Bund für Umwelt und Naturschutz Deutschland e. V.: BUND《ブント》)」や緑の党(Die Grünen)らが、現場での抗議行動を支え政治の舞台との間の緊張関係を保つとともに、環境政治の意思決定過程にも参与することで、ドイツの環境政策に多大な影響を与えたとされる。[20] BUNDの成立過程[21]や緑の党の結党過程[22]をめぐる分析において、社会運動、とりわけ一九七〇年代半ば以降の原子力施設反対運動との因果関係が明確に示されてきたのに対し、F.Ö.J と社会運動とのかかわりは、直線的とは言い難い。一九八〇年代後半に州レベルで開始されたF.Ö.J の成立過程をみる限り、市民が主体となって組織的な運動をおこなう、という社会運動の結果として導入されたわけではなく、むしろ官主導のもとで導入が進められている。つまりF.Ö.J は、環境保護を目的とする社会運動の影響だけではなく、一九七〇年代初頭におこなわれた「上からの環境政策」の影響を受けて導入された制度でもある。

ブラント首相（Willy Brandt: SPD）のもとで可決された数々の環境保護法案に代表される「上からの環境政策」は、今日の「環境先進国」たるドイツの基盤を形成したと評価される一方、運動団体への資金援助など、組織化された大衆の圧力が高まる前に財政的・組織的支援をおこない、運動組織をコントロール下に置くことで、草の根レベルでの環境運動の本格化を遅らせたという側面もある。[23] またFÖJは、州のモデル計画においても連邦の立法過程においても、CDU政権下で推進された政策である。そもそも、ドイツが国際的にも注目されるような大気汚染防止政策、容器包装廃棄物政策を導入し、「環境先進国」と評されるようになったのは、CDU／CSUとFDP連立のコール政権（一九八二～一九九八年）の時期にあたる。[24] これら環境政策の推進要因としては、ミランダ・A・シュラーズ[25]やヘルムート・ワイトナー[26]による研究の成果により、緑の党、[27] 環境保護団体、環境系シンクタンクなどを中心とする環境主義的な勢力の存在が強調されてきた。その一方、喜多川進は、コール政権期の環境政策の推進要因として、保守政治家による地元の利益保護や野党の支持基盤の切り崩しといった動機も挙げられることを指摘している。[28] FÖJに関しても、すべての推進要因を環境主義的な勢力の存在に帰することはできない。

州レベルにおける導入の試み

まず、一九九三年のFÖJ促進法成立の基盤となった州レベルのモデル計画について、ベルリンにける挫折に触れたのち、ニーダーザクセン州における成功例について見てみよう。一九八四年五月、全国青年大臣会議でFSJの法的枠組みを環境保護分野にも拡大すべき、との提案がなされたことを受けて、一九八六年三月、ベルリンのCDU議員団が「FSJにおける環境保護分野の導入」を求める決議案をベルリン参事会に提出した。この決議案をもとに、ベルリンでは一九八七年九月一日、FSJの枠内で「環境保護の活動のため」として年間一五名までの助成が開始されたが、この試みはわずか二年後に終了が決定され、失敗に終わっている(29)。その表向きの理由は財政難であるが、この失敗は、既存の枠組み内で分野を拡大すること自体に問題があったことを示していよう。当時、FSJの運営主体らが環境保護のためとして認め、若者を受け入れた施設は、幼稚園や青年センターが中心であり、社会福祉施設の域を出ていなかった。また後述するように、彼らは当時、FÖJの構想自体に批判的であり、協力する姿勢をみせなかった。つまり両制度間には、同じ枠組みのもとで展開できないほど大きな構想上、運営上の乖離があったと考えられる。

他方、ニーダーザクセン州では、ベルリン案に対抗し、独立した制度を立ち上げる試みがなされた。一九八七年七月、同州の環境省は、環境分野に特化した独自の制度としてのFÖJを、州内で試験的に導入することを決定した。ベルリンと同日の一九八七年九月一日に開始されたこの試みでは、三二名の参加枠に対し、参加を希望する若者が殺到した。翌一九八八年からは連邦家族省からも助成を受け、委託調査のための正式なモデル計画として参加枠を六〇名に拡大したが、応募者はなお二七〇名に上り、さらに一九八九年の応募者数は二〇〇〇名を超えた。こうした反響の大きさを受けて、バーデン・ヴュルテンベルク州、シュレスヴィヒ・ホルシュタイン州もF.Ö.J導入計画への参加を表明し、それぞれ一九九〇年と一九九一年から三年間、連邦家族省の助成を受け、委託調査のためのモデル計画をおこなった。これら州レベルのモデル計画は連邦家族省の委託調査においていずれも高く評価され、F.Ö.J促進法の基盤を形成した。とりわけ、ニーダーザクセン州において全国に先駆けておこなわれた独自の制度は、今日の青年ボランティア制度における環境保護分野の原型と位置づけられる。

ニーダーザクセン州における試みは、一九八六年に州環境大臣となったＣＤＵのレマース（Werner Remmers）の強力なイニシアティヴのもとで進められた。一九八七年四月一四日、レマースは連邦政府、政党、自治体、環境団体等に宛てて書簡を送付し、州で試験的に開始するF.Ö.Jへの協力を依頼するとともに、参加者の権利をＦＳＪと同様に連邦法によって保護する必要性を訴えた。また、この書簡に添付されたF.Ö.J構想にはキリスト教の概念である「被造世界（Schöpfung）の保護」[30]が掲げられ、保守的な層への訴求も試みられていた。この書簡に対する回答は概ね肯定的であったが、続く六月九日に書簡を送付したＦＳＪの運営主体から得られた回答は、レマースの提案を拒絶していた。その主な内容は、人的・財政的なＦＳＪとの競合、青年政策としての目的や構想の欠如、労働政策的であること、ＦＳＪ運営主体の意見の軽視、補完性原則（後述）を傷つける、などの問題点を指摘するものであり、F.Ö.J構想に対する強い批判と抵抗が示された[31]。

このように、一九八〇年代当時はＦＳＪの枠内であれ、独立した制度としての展開であれ、ＦＳＪの運営主体はF.Ö.Jに批判的であった。両制度はいずれも若者に将来の進路について考え、学ぶ機会を与える青年政策であるという点で一致しており、また、社会奉仕を起源とするＦＳＪは言うまでもなく、ＦÖＪも「被造世界の尊重」を構想に掲げており、キリスト教の概念を重視していた。それにもかかわらず批判が寄せられた要因としては、財政面、構造面の差異に起因する「補完性原則」をめぐる解釈の違いが重要である。創設時よりＦＳＪの運営を担ってきた民間福祉団体は、福祉事業に果たす役割の大きさにより、政府や地方自治体からの財政支援を受ける「公・民協働」体制においても、補完性原則のもと、その自治と自律が最大限尊重される「民の優位」を維持してきた。この文脈における補完性原則とは、国家に対して家族や教会、結社や地域社会といった下位の社会集団の自治と自律を重視し、国家の役割を、これら小さな社会集団が解決できない問題が生じた場合に限定するというもので、ドイツの社会福祉政策においては、国や自治体などの公的福祉に対する民間団体の優先として解釈されている。(32)当時のニーダーザクセン州におけるＦＳＪ運営主体も、連邦から教育的指導に係る補助金は受けていたが、州からの補助金はほとんど受けていなかった。他方、州のＦÖＪモデル計画について緑の党が主張したのは、多くの環境保護団体が厳しい財政状況にあることと、環境教育の専門家を教育的指導のために配置する必要があることを考慮し、ＦＳＪと全く同じ制度設計にするのではなく、州がより多くの助成をおこなうべき、ということであった。(33)つまりＦＳＪの文脈における補完性原則は、国や自治体などの介入を「限定」する意図で用いられてきたのに対し、ＦÖＪの文脈において、とりわけ環境主義的な勢力にとっては、介入を「肯定」し、「義務」づける意図で用いられたのである。(34)しかしレマースは緑の党らの主張に対し、以下のように牽制している。

FÖＪの運営主体となる環境保護団体に組織的、財政的な限界があることは理解しているが、州の助成を受ける以上、通常であれば運営主体としての自律性は考慮されない。したがって、FÖＪ計画の実施における環境保護団体の役割は州及び地方自治体との協働の範囲に限定される。運営主体が州からの財政的支援を必要とする限り、FÖＪの管轄はあくまでも州と地方自治体にあり、FÖＪの導入によってその権限が変更されるわけではない。(35)

すなわち州の方針は、FÖＪにより環境保護団体を特別扱いするのではなく、運営主体となる環境保護団体に助成をおこなう以上、運営の自律性にも制限を付する、というものであった。ＦＳＪ運営主体が反発した背景には、こうした公的助成をめぐる「介入」の限定と義務との線引きが、両制度間で大きく異なる状況があった。

レマースがFÖＪの導入に積極的だった理由として、FÖＪモデル計画の報告書では、当時のＣＤＵ青年グループ(Junge Union)が、FÖＪを導入すべきと強く要望していたこと、(36)州文化大臣としての在任中(一九七六～一九八二年)に学校内の環境教育に携わり、学校外環境教育の可能性も認識していたこと、の二点が挙げられている。(37)ただし、この時期に、社会運動の一つの帰結である緑の党が存在感を示し始めていたことも付け加えるべきだろう。レマースは、連邦議会への進出こそなかったものの、ニーダーザクセン州においては一九七六年から一四年間にわたって続いたＣＤＵのアルブレヒト政権

(Ernst Albrecht)のもと、一期目から大臣に登用され、地元での人気も高い政治家であった。[38] 環境問題にも理解と尊重の姿勢をみせていたが、環境大臣就任直前の一九八六年四月二六日、チェルノブイリ原発事故が起こると、災害対応、健康問題、原子炉の安全基準といった現実的な問題をめぐり、緑の党をはじめとする野党から厳しく追及される立場となった。なかでも放射能に汚染されたバイエルン州の乳製品の除染を彼の地元で引き受けるという決定によって、レマースは「原子力大臣」として有名になり、激しい抗議運動の矢面に立たされている。[39] ニーダーザクセン州ではゴアレーベンをはじめとする地域において原子力施設反対運動が活発であり、一九七七年一〇月には地方自治体レベルで初の「緑の議員」が当選した。[40] 一九八二年には州議会でも緑の党が一一議席を獲得し、一九八六年の選挙でも同数の議席を維持した。その後アルブレヒト首相は一九九〇年の州議会選挙でSPDのシュレーダー首相(Gerhard Schröder)に政権を明け渡しており、緑の党は連立与党として政権の一翼を担うまでになった。他州においても、ノルトライン・ヴェストファーレン州(一九八五年)、シュレスヴィヒ・ホルシュタイン州(一九八八年)、ヘッセン州(一九九一年)でSPD政権が、ラインラント・プファルツ州でもSPDとFDPの連立政権(一九九一年)がこの時期に成立している。[41] 原子力施設を強力に推進してきたニーダーザクセン州のCDU政権にとってFÖJは、象徴的な政策として重要であったと考えられるだろう。

連邦レベルにおける議論

しかしこうした追い風にもかかわらず、一九九〇年代、連邦レベルでＦÖＪ導入に向けた議論が開始されても、環境主義的な勢力が要望していた、ＦＳＪよりも高額の公的助成が実現することはなかった。一九九二年、ＳＰＤのドバーティエン(Marliese Dobberthien)は、連邦の助成額を引き上げなければ、州の財政状況、とりわけ東西間の格差により、若者がＦÖＪに参加する機会を奪われかねない、と主張したが、ＣＤＵのメルケル連邦女性・青少年相(Angela Merkel)は、ＦÖＪへの助成はＦＳＪと同等の範囲に限る、との方針を崩さなかった。(42) また、ニーダーザクセン州の新しい環境相となったＳＰＤのグリーファーン(Monika Griefahn)も、連邦参議院(43)の意見として、連邦政府が長期にわたる十分な助成を確保するべきと訴えたが、(44) 連邦政府は基本法第一〇四ａ条一項に言及し、連邦の管轄でないことには助成できない、としてこれを退けた。(45)

このように、一つの州内部であれば、与党ＣＤＵに対して緑の党とＳＰＤが、州により多くの助成を求めるという構図が明確であったが、議論の場が連邦レベルに移行したことで、州は連邦参議院として連邦に対して支援を要求し、連邦がこれを州の責任として押し戻す、という構図となった。その結果、連邦における議論の中心は、なぜＦÖＪはより多くの助成を必要とするのかという論点ではなく、誰が助成をおこなうべきか、というところにすり替わっている。これは一つには、東西ドイツ統一により連邦も州も財政不安に陥り、助成を義務づけられることを忌避したためであり、(46) もう一つには、一九九一年から旧東ドイツ諸州(47)もＦÖＪモデル計画に加わったため、資金構造がより複雑になったことがある。(48) たとえばベルリン、ザクセン州、テューリンゲン州は欧州社会基金(European Social

Fund)[49]からの支援を、その他の州もドイツ連邦環境財団(Deutsche Bundesstiftung Umwelt)[50]からの支援を受けていた。それぞれの州が可能な範囲で支援できるようにするためには、大枠のみを定める方が現実的であったと言えるだろう。

ここまで概観してきたように、州および連邦レベルにおけるFÖJ導入プロセスの推進要因としては、環境意識の高まりや、若者からの反響の大きさ、緑の党の勢力拡大といった社会運動との関連も指摘できるものの、民間福祉団体の協力が得られずFSJの枠組みの中で展開できなかったことも重要であった。また州レベルでも連邦レベルでも、環境保護分野の財政状況を考慮した制度設計は実現しなかった。誰が財源を補うのか、という問題を残したまま導入へと至った結果、現在でも「財源に余裕のある団体だけを優遇する制度」[51]である点は否めず、年間五万人以上が参加するFSJに対し、FÖJの参加者は年間三〇〇〇名程度であることから、いまだ象徴的な政策の域を出ていない、とも評されよう。さらに、詳細は州に委ねるという設計によって、州ごとに運営主体の自律性が確保されてきたが、それは、FÖJの支援に積極的な州とそうではない州の違いが大きい、ということも意味する。次節では、こうしたFÖJの構造的な脆弱性による格差が州の方針に影響を及ぼした事例として、二〇〇二年の法改正をめぐる動向を検討する。

3 徴兵制停止後を見据えて——二〇〇二年法改正にみる集権化

FÖＪ導入後もボランティア制度の活動分野の拡大は続けられ、一九九六年にはスポーツ団体における活動、一九九九年には文化財保護活動、二〇〇〇年には芸術や文化にかかわる活動のモデル計画がそれぞれに開始された。二〇〇二年のＦＳＪおよびFÖＪ関連法の改正では、これらの新しい分野がＦＳＪと同様の公的支援を受ける活動として認められた。同時に、参加可能年齢の引き下げや活動期間の柔軟化もおこなわれ、より利用しやすく、より広い対象層が参加しやすい制度が目指された(52)。なかでも議論を呼んだのが、「兵役拒否者として認定された者は、ＦＳＪまたはFÖＪに最低一二か月以上参加することにより、民間役務に従事する義務を免除される」と定めた民間役務法第一四ｃ条（以下、一四ｃ条と表記）の追加であった(53)。前述のように一九六四年の段階では、ＦＳＪを兵役の代替として用いることが拒絶され、徴兵制と関係のない、自発性を前提とする制度であることが強調されていた。しかし冷戦終結から一〇年を経た当時、今後の連邦軍と徴兵制のあり方をどうするのか、ケア領域に欠かせない存在となっていた民間役務の役割をいかに補塡するのか、といった議論において、年間一万五〇〇〇名に満たない規模であったＦＳＪとFÖＪには、にわかに政策的期待が寄せられるようになっていた。以下では、この一四ｃ条をめぐるシュレスヴィヒ・ホルシュタイン州の事例を通じて、FÖＪの構造上の脆弱性による帰結を示し、二〇一一年の徴兵制停止と連邦ボランティア制度導入への布石として意味づける。

一四ｃ条の目的は第一に、極端に女性に偏ったＦＳＪ・FÖＪの男女比率を変えることであった。それまで兵役の任期に加えてさらに一年間、ＦＳＪやFÖＪに参加しようとする男性は少なく、参加者のおよそ七割半から九割が女性であった。[54] 第二の目的として、民間役務が果たしている役割をＦＳＪ・ＦÖＪに移行する可能性を探ることがあった。当時の徴兵制は、維持する必然性を失いつつも短期的には廃止できない、というジレンマに陥っており、一四ｃ条は、そこからの脱却を目指して考案されたのである。

一四ｃ条の導入をめぐり、運営主体らは「ＦＳＪ・ＦÖＪのアイデンティティとその社会認識が傷つけられ、政府が制度を支援する目的が混乱に陥る可能性がある」との懸念を表明した。[55] しかしこうした懸念は、法改正自体に反対するものではなく、むしろ、一四ｃ条がＦＳＪ・ＦÖＪの義務化につながることを認めない、という意思表明であったと考えられる。それというのも、参加者のほとんどを女性が占める状況は以前から問題視されており、[56] 一四ｃ条追加の必要性については合意が得られていたからである。男性が徴兵制によって不当に参加の機会を奪われてきたことは事実であり、男性の参加を促すことの重要性は運営主体らも認識していた。[57] ＦＳＪ・ＦÖＪの義務化に関しては、連邦家族省の作業グループ「民間役務の将来」による勧告で明確に否定されており、[58] 義務化に向けて法的な仕組みを整えることを提案したＦＤＰの法案も連邦議会で否決されていた。[59] さらに二〇〇三年には、ＦＳＪ・ＦÖＪの義務化が基本法第一二条二項及び第一二ａ条に違反しており、基本法の改正を前提にしなければ許容されないという報告がなされた。[60] したがって、一四ｃ条の追加がＦＳＪ・ＦÖＪの義務化に直結する、という懸念は非現実的であった。

運営主体らのもう一つの危惧は、一四ｃ条によって兵役拒否者が優先的に採用され、逆に女性の参加の機会が損なわれるのではないか、ということであった。法改正から四年後に発表された連邦家族省の委託調査の結果、参加者全体に占める女性の割合は依然として高いものの、男性の割合が確実に増加したことが示された。ＦＳＪにおける男性の割合は二〇〇一年から二〇〇四年の間に一二％から二四％へと倍増し、ＦÖＪでも二七％から三二％まで増加した。男性の増加のほとんどが一四ｃ条による参入であった。ただしこのことによって受入先や参加者に悪影響はみられず、およそ九〇％の受入先が「特に変化はない」と回答していた(61)。参加者の動機に関する調査項目では、女性と「一四ｃ条利用者（一四ｃ条を利用してＦＳＪ・ＦÖＪに従事する兵役拒否者）」を除く男性が「社会福祉や環境保護のために何かしたい」「大学や職業教育へ向けてのチャンスを広げたい」「実践的な経験がしたい」といった動機を挙げたのに対し、一四ｃ条利用者の六八％は「民間役務を免除されるから」という動機を挙げた。ただ、こうした動機の違いが活動に悪影響を及ぼしたという報告はほとんどみられず(62)、それを裏付けるように、将来もボランティアに携わる意志があるかという問いに対する回答は、女性・一四ｃ条利用者を除く男性・一四ｃ条利用者の間でほとんど差がなかった(63)。

これらの調査結果が示すように、女性の参加機会が甚だしく奪われるという事態は引き起こされず、現場の混乱もほとんどみられなかった。したがって結果的には、連邦民間役務庁からの補助金が増加し、男性に参加の機会が与えられたことは、概ね肯定的に受け止められた(64)。しかしＦＳＪ・ＦÖＪは、歴史や成立の経緯、運営方針、資金構造によって多様な構造にあり、先ほどの委託調査が一四ｃ条がもたらした影響のすべてを反映するわけではない。そこで次項では事例研究を通じ、ミクロレベルで生じた影響について詳述する。

州における民間役務法一四c条の影響

ここでは一四c条導入による資金構造の変化に着目し、当時、全国でも最高額に近い補助金をもってFÖJを支援していたシュレスヴィヒ・ホルシュタイン州(本章内、以下「SH州」)の方針が変化していく経過を辿り、そこに示される一四c条の影響を検討する。

第一章で詳述したように、FSJ・FÖJの資金構造は複雑で多様である。当時の資金構造を参加者一人当たり、月ごとの金額で整理すると、連邦家族省からの補助金はFSJに七二ユーロ、FÖJに一五三ユーロと定められており、その使途は教育的指導に限定されていた[65]。州からの補助金は、FÖJの場合はすべての州で二〇〇・九〇〇ユーロ(平均三六〇ユーロ)であったが[66]、FSJの場合は全く補助を受けていない運営主体のある州が七州あり、金額も一六・五〇~四四〇ユーロ(平均二二五ユーロ)と比較的少なかった[67]。一四c条利用者に対しては、当時の連邦民間役務庁が教育的指導、社会保障費、小遣いのためとして、上限四二一・五〇ユーロ、平均四〇〇ユーロ(いずれも月ごと)を支出していたが、原則、連邦家族省や州からの補助金を重ねて受けることはできないと定められていた。一四c条はこうした多様な資金構造を内包しながら一斉に導入されたのである。

ここでまず、SH州における、FÖJに対する州予算と受入先数の変遷を提示する。同州では一九九〇年、連邦家族省と州の環境省が五〇%ずつ出資し、北エルベ教会(Nordelbische Evangelisch-

Lutherische Kirche）が運営主体となってＦÖＪのモデル計画が開始された[68]。その特徴は、環境保護団体や青年団体等の非営利団体のみで構成されるというところにあった。開始当初より若者の関心は高く、三〇名の参加枠に対し、一九九一年度は七〇〇名、一九九二年度は八〇〇名弱の応募があった。

一九九三年九月一日、ＦÖＪは連邦レベルで開始されたが[69]、モデル計画時の資金構造は継続されず、連邦が教育的指導に対して年に約一六万マルクを補助することのみが定められた。ＳＨ州では運営主体が年に約一〇万マルク、州が約三八万マルクを補助することで合意が成立し、一九九四年八月一日に二四名の若者が参加して正式にＦÖＪが開始された。翌一九九五年一月一二日に州の環境相ミュラー（Edda Müller）と運営主体との間で正式な契約が結ばれ、五年間の財政が確保されることとなった（第一契約、一九九五～一九九九年[70]）。

図６　シュレスヴィヒ・ホルシュタイン州のFÖJ 20周年記念冊子（2011年）[v]

同州のＦÖＪは順調に発展を遂げ、環境省の協力的な姿勢によって、受入先数はその後一〇年で飛躍的に伸び、州の補助も増額を続けた。第一契約の翌年には三一名の参加枠に対して三二六名と応募が殺到したため、一九九七年に急遽一九名の参加枠が追加され、州から特別会計が支出された。一九九九年の契約では州が約一〇〇万マルクを補助して参加者数は七〇名となった（第二契約、一九九九～二〇〇四年[71]）。それでもなお応募者数はその七倍であったため、第二契約の更新を待たずして二〇〇一年、追加予算が支出されて参加枠は一〇〇名まで増設された（第二契約補則、二〇〇一〜二〇〇四年）[72]。さらに二〇〇三年には新しい運営主体としてワッデン海自然保護協会（Naturschutzgesellschaft Schutzstation Wattenmeer e.V.）が加わり、州補助金の総額はおよそ一六〇万ユーロに膨らんだ（第三契約、二〇〇四〜二〇〇九年）[73]。

しかし二〇〇五年の政権交代を境に、こうした増設・増額の方向に変化がみられた。同州では戦後、CDU政権が続いた後、一九八八年にSPDのエングホルム（Björn Engholm）が州首相に選出されてから、SPD政権およびSPDと緑の党との連立政権が続いていた。州の環境相にも緑の党・SPDの出身者が選ばれ、ミュラー環境相をはじめ、FÖJを積極的に支援する政治家が多かった。しかしSPDは経済的な不調のなかで徐々に支持を失い、二〇〇五年二月二〇日の州議会選挙ではCDUが三〇議席、SPDが二九議席、FDPが四議席、緑の党が四議席、南シュレスヴィヒ有権者同盟（Südschleswigscher Wählerverband: SSW）が二議席という議席配分になり[74]、政権を担いうるCDU（FDPと連立）もSPD（緑の党と連立）も絶対多数を得ることができなかった。再投票を経て、SPDのジモーニス前首相（Heide Simonis）が退き、CDUのカルステンゼン（Peter Harry Carstensen）に首相の座を譲り渡し、二〇〇五年四月二七日にようやく大連立という形で決着をみた。そこで起こったのが、締結したばかりの第三契約の期間満了前の変更に向けての議論である。

CDUのボッティヒャー環境相（Christian von Boetticher）は、逼迫した財政の立て直しを旗印に、FÖJの補助金削減に着手した。環境省は、二〇〇七年度州予算の議決までに第三契約を変更し補助金を減額するべく、運営主体らと交渉を始めた。新政権成立時点での資金構造は、連邦家族省から参加枠当たり月に一五三ユーロ、州環境省から八八四ユーロの補助があり、運営主体である北エルベ教会が年間五万一二〇〇ユーロを、ワッデン海自然保護協会が年間一万ユーロを負担し、受入先の負担額は参加者一人につき一年に二〇〇〇ユーロであった(二〇〇六／二〇〇七年度)。州補助金の全国平均は三六〇ユーロであるから、SH州の補助金額は全国でも最高額に近かった。(75) 他の州では、州政府機関が運営主体を担ったり、民間企業を受入先として認定したりすることで、補助金額を抑制してきた。しかしSH州のFÖJ運営主体は政府系機関や企業を含まず、非営利団体だけで構成されることをアイデンティティとして重視してきた。(76) したがって、州補助金を削減するために州が運営主体を担う方法をとることができず、参加者の待遇の再検討や受入先数の削減など何らかの緊縮的な措置をおこなうか、運営主体・受入先がより多くを負担する、といういずれかの方法が考えられた。(77) 運営主体らは、ヨットを研修場としておこなうセミナーや進路相談セミナーなど、州独自の取り組みを続け、その独自性を守るべきだと主張した。(78) 同州のセミナーでは、参加者三〇人につき一人の割合で引率者を置き、余裕を持って参加者を支援できるようにしていたが、(79) 補助金が削減されれば、これまでのようなセミナー運営は難しくなる。また、受入先の負担がこれ以上大きくなれば、小規模な非営利団体を排除しかねず、住居費等が削減されれば多くの若者が出身地に近い州で参加せざるを得なくなり、若者の自立への意欲が阻害される、とも主張された。(80)

運営主体らの主張に対し、州は参加枠を一五〇名から一一〇名に削減することも提案したが、少しでも多くの若者を受け入れるために据え置かれることになった。また引率者の割合を全国平均と同じく参加者四〇人につき一人に減らすことなども検討されたが、妥協点を見出すことが難しく、交渉は難航した。そこで用いられた方法が、一四c条を利用した補助金削減であった。自己資金で多くを賄うＦＳＪの場合、一四c条利用者の受入先として認められると従来よりも自己負担額が少なく済むため、一四c条受入先への転換は比較的スムーズにおこなわれた。しかしＦÖＪの場合、とりわけ州への依存が強い運営主体の場合は逆の現象が起こった。一四c条利用者の受入先は、連邦民間役務庁からの補助を受けると、連邦家族省や州からの補助金を重複して受給することができないためである。ＳＨ州のＦÖＪでは、州が多くを補助してきたため、受入先の負担は年間二〇〇〇ユーロのみであった。もし一四c条受入先に転換すると、その負担額は年間四〇〇〇～五〇〇〇ユーロに膨れ上がってしまう。それほどの負担に耐えうる受入先は少なく、二〇〇二年から二〇〇七年までの間、一四c条利用者は州全体で年間二～三人に留まっていた[81]。多くの受入先にとって州補助金は代替不可能なものだったのである[82]。ＳＨ州環境省は、契約変更の交渉に際してこの状況を利用した。一年につき参加枠の一〇%は一四c条利用者を受け入れ、かつ、一四c条受入先に対しても一〇%の限度内において州から特例補助金を提供することを提案したのである。これにより、一五〇の参加枠のうち最大一五名分については、一四c条利用者の受入先として確保できる。連邦からの補助金も、ＦÖＪの受入先であれば月に一五三ユーロ（連邦家族省）であったのが、一四c条受入先として認定されれば最大四二一・五〇ユーロ（連邦民間役務庁）を受けることができるようになり、その差は月に二六八・五〇ユーロに及ぶ。

一四ｃ条利用者枠を設けることにより、州はいわば年間四万八三三〇ユーロの「差額収入」を得ることになるのである。そこで州は、FÖJの受入先か一四ｃ条利用者の受入先かを問わず、受入先の負担額を四〇〇ユーロとすることを提案した。この解決策により、州と運営団体、受入先との間にようやく妥協が成立した。[83] 結果、州予算会議での決議を経て、二〇〇七年六月に第三契約が変更された。州補助金は年間一五九万一二〇〇ユーロ（二〇〇六／二〇〇七年度）から一二五万五〇〇ユーロ（二〇〇七／二〇〇八年度）へと、三五万ユーロ近く削減された。運営主体の負担はそれまでと変わらなかったが、受入先の負担額はそれまでより二〇〇ユーロ多い、四〇〇ユーロとなった（新第三契約、二〇〇七〜二〇〇九年）。[84] 新第三契約を受けて参加者の生活費は月額で三四・三八ユーロ減額されたが、[85] 連邦平均以上の水準は確保されており、減額の程度は最小限に抑えられたのである。

この事例が示すのは、一四ｃ条が、各州の補助金額が連邦平均額に近似するように作用した、ということである。複雑な資金構造を有し、分権的に運営されてきたFÖJでは、一四ｃ条の実効性を連邦レベルに近付けるという目的の下、連邦民間役務庁の存在感が増し、州の存在感が低下した。補助金の削減を図った州にとっても、負担を抑えたい受入先にとっても、一四ｃ条の利用が交渉の鍵となった。多様な資金構造を原因として、活動分野により、また州により大きな差が存在していたからこそ、このような妥協が導き出されたと言える。一四ｃ条の実効性を連邦全体のレベルに少しでも近付け、男性の不利益を防ぐという目的と、連邦家族省からの補助金の代わりに連邦民間役務庁からの補助金を受け、その差額分で補助金の削減幅を抑えるという目的の両方が実現されたのである。一四ｃ

条は、これまで運営主体や州などに分散していた影響力が連邦に集中していくように作用しており、その意味においてFSJ・FÖJが将来的に民間役務の受け皿として機能するための準備であった、と位置づけられるだろう。

4　二〇一一年の歴史的転換――変わる政策的期待

法改正と同じ二〇〇二年に発表された連邦議会の調査委員会「市民参加の未来」による報告書が示すように、徴兵制廃止後を見据えた政策的期待と、市民による自発的な活動のさまざまな機能への注目がほぼ同時に高まった結果、二〇一〇年までにFSJの参加枠は年間四万名の規模まで拡大された。また、世代横断的あるいは中高年を対象とするモデル計画や、国際化のための試みも次々におこなわれた。さらに二〇〇八年には、別々の法律のもとにあったFSJとFÖJが「青年ボランティア制度」として同じ法的枠組みのもとで支援されるようになった。なお本節以降、特に必要のない限り、FSJとFÖJの総称として「青年ボランティア制度」を用いる。

青年ボランティア制度は、詳細を州に委ねるという分権的設計により、どのような団体が運営を担うのか、州がどの程度追加的に支援するかが州ごとに大きく異なる。ただそれらの差異は、州ごとに特色ある多様な展開と、運営にかかわる団体の自律性を最大限尊重する構造が保たれているとして、基本的には肯定的に捉えられてきた。参加した若者や受け入れにあたった非営利団体からの評価も高く、青年ボランティア制度は、連邦政府によるボランティア支援政策の「成功例」とみなされてきた。これらの経緯から、二〇一一年に「連邦ボランティア制度」が新設された際には、連邦が強い権限をもつ集権的構造はもとより、中高年も対象とすることなどから、当初は強い不安と反発をもって受け止められた。導入から一〇年余りが経過した現在では、連邦ボランティア制度と青年ボランティア制度は、当初懸念されたような競合関係にはなく、並存し協働する関係を維持している。全体としてみれば、規模の拡大と、社会的認知度や政治的な影響力の向上という意味で、「革命」とまで評された二〇一一年の連邦ボランティア制度の導入は成功していると言えるだろう。しかしそもそもなぜ、成功例として評価されてきた青年ボランティア制度をさらに拡充するのではなく、「接ぎ木」するかのように連邦ボランティア制度を新たに導入し、不毛な競合関係を生じさせかねない制度設計がおこなわれたのだろうか。この問いに答えるため、本節ではまず、連邦ボランティア制度の導入に影響を及ぼした徴兵制をめぐる議論の展開について概観する。そのうえで、連邦ボランティア制度の導入プロセスを分析し、ボランティア制度が、徴兵制と不可分の関係にある現状について示す。

徴兵制停止に向けた議論の展開

連邦ボランティア制度の導入に決定的な影響を与えたのは、二〇一一年の徴兵制停止である。冷戦終結以来、徴兵制の廃止は二〇年にわたって議論されており、民間役務の社会的役割を青年ボランティア制度が補塡する可能性についても、二〇〇二年の報告書に明記されていた(86)。それでも二〇〇九年一〇月に発表されたメルケル政権の連立合意書には徴兵制の維持が明記されており、[87] その後、徴兵制停止がきわめて短期間のうちに、急速に実現したことは特筆すべきである。それに伴い、連邦ボランティア制度についても、十分な議論を経ることなく、急速に導入が決定された。そこで以下では、なぜ徴兵制は二〇一一年まで停止されなかったのか（継続要因）、また、なぜそれほど急速に停止されたのか（停止要因）、の二つに分けて、停止に至った複合的な要因を整理する。

冷戦終結後、他の西側諸国が次々と徴兵制を廃止していく中で、徴兵制停止に至るまでのドイツの歩みは遅々としたものであった。[88] 冷戦の最前線を大規模な軍隊によって防衛する必要性が失われたことに加え、東西ドイツ統一による財政上の負担もあり、防衛予算は削減されていた。さらには国際情勢の変化によって、海外における危機管理活動への貢献が求められるようになり、連邦軍の役割にも変化が生じていた。それにもかかわらず、徴兵制停止までに約二〇年を要した継続要因としては、徴兵制に込められた理念の重要性、二大政党間の強力なコンセンサス、民間役務との相互依存的な関係、の三点が挙げられる。

すでに述べたように、戦後ドイツにおいて、再軍備と徴兵制は反発を乗り越えて政治的、社会的に受容されていった。ペーター・シュタインバッハによれば、その際、重要な役割を果たしたのが、徴兵制の理念的な理解である。第一に、連邦軍は「議会の軍」であり、基本法と連邦議会の民主的なコントロール下に置かれる。第二に、連邦軍兵士は「制服を着た市民」であり、民主主義的価値を共有する市民として「内面指導」と称される政治教育を受ける。第三に、国民皆兵原則に則って徴兵制を導入することにより、「社会における軍」という連邦軍の立ち位置を担保する。このように、ドイツ連邦軍における徴兵制は、第二次世界大戦の反省に基づき、民主主義的な価値と文民統制を担保するための制度として理解されていた(89)。そのため、一九九〇年以降の国際情勢の変化においても、二大政党のディスコースは経路依存的に継続した(90)。SPDが一九九〇年以降も連邦軍の民主主義的な正当性を強調していたのに対し、CDU／CSUとFDPは、旧東ドイツ諸州の若者の社会的統合を促すことも徴兵制の意義であると主張するなどの違いはあったが(91)、いずれにせよ二大政党の多数派からなるコンセンサスは強力であり、一九九八年にSPDと緑の党の連立政権が成立し、緑の党が徴兵制廃止を強く求めた時も、SPDの反対により実現には至らなかった。

さらにドイツ特有の事情として、民間役務の社会的役割が大きいことも、徴兵制の継続を後押しした。兵役拒否権を行使する「兵役拒否者」は、軍事的兵役の代替として、福祉施設等における「民間役務」と呼ばれる活動に従事してきた。前述のように、かつて兵役拒否者は厳しい認定審査と兵役より長い任期、さらに社会的な偏見に耐えなければならなかった。しかし厳しい認定審査は教会や平和団体の運動によって廃止され、一九八四年に書面審査に限られることになった。また、冷戦終結後には任期も徐々に短縮され、二〇〇四年以降は兵役と同じ九か月の任期となった。一九六八年のベトナム反戦運動、東西ドイツの統一、一九九一年の湾岸戦争を契機に兵役拒否者数は増加を続け、ピーク時の一九九八年には年間一七万人以上の規模となった(92)。この間、民間役務の社会的な評価も変化し、その主な活動先である病院、介護施設、福祉施設に欠かすことのできない「社会の英雄」と称されるまでになった。二〇〇〇年代半ばには、連邦軍の縮小に伴って民間役務従事者数も年間九万人程度まで減少していたが、民間役務が廃止されると七万五〇〇〇名以上の労働力が不足するとの試算もあり、その社会的役割は大きいと認識されていた。[93] 福祉事業への打撃を考慮すれば、民間役務とセットの徴兵制を廃止することはきわめて困難であった。

このように、連邦軍と普通の市民とを結びつけるという理念上の役割が超党派的に共有されていたことと、民間役務の社会政策的な役割がむしろ兵役そのものより重視されていたことにより、徴兵制は、その停止まできわめて長い期間を要した。

それでは次に、こうした状況の中で、なぜ二〇一一年には徴兵制停止が実現したのか、停止要因を整理する。第一に、冷戦終結後の安全保障政策の変化である。徴兵制によって大規模な軍を維持するよりも、海外における危機管理任務に対応できる職業軍人の割合を高めていく必要性が指摘されていた。一九九〇年の東西ドイツ統一時に四九万人規模から三七万人以下へと削減された連邦軍は、一九九四年に約三四万人(うち兵役一三万五〇〇〇人)、二〇〇〇年にはさらに約二八万人(うち兵役八万人)へと縮小の一途をたどった。[94] 連邦軍の存在意義が国土防衛から紛争解決へと移るなかで、兵役従事者がたった数か月の訓練ののちに臨むには高度かつ複雑すぎる任務が増えており、海外派遣にあたるのはほとんどが職業軍人であった。[95]

これに伴って第二に、「防衛公平(Wehrgerechtigkeit)」と呼ばれる平等な国民皆兵を目指す原則が崩壊し、徴兵制の民主主義的な正当性が失われたことがある。二〇〇五年を例に概算すると、一八歳から一九歳の男性人口は四九万二九〇〇名であったが[96]、同年、軍事兵役の任務に就いたのは六万八四二八名であり、民間役務に従事したのは八万三〇五五名であった[97]。大部分の若者は、さまざまな例外条項により免除・猶予の扱いを受けていたのである。たとえば、聖職者、重度の心身障害者、軍事兵役や民間役務を原因として死亡した父母兄弟のある者、すでに兵役義務を果たしている二人以上の兄弟をもつ者、既婚者、子どものある者は兵役義務を免除される。また、選挙に立候補中の者、家庭上・経済上または職業上の理由により過酷な状況に置かれると認定された者、特定の教育課程が中断されるおそれがある者、警察業務に就く者等も兵役義務を猶予される[98]。こうした状況を受け、二〇〇七年にはSPDも徴兵制停止を党の方針として掲げるなど、超党派的な認識にも変化がみられるようになった。さらに二〇一〇年には兵役期間が六か月に短縮され、兵役従事者への教育や訓練に十分な時間を割くことができない、という実務的な問題も生じていた[99]。

そして第三に、徴兵制停止を決定的にした要因は、緊縮財政である。当時、高い支持率を誇っていたグッテンベルク国防相（Karl-Theodor zu Guttenberg）は、「債務ブレーキ（Schuldenbremse）」条項をはじめとする財政問題を議論の中心に据えた[100]。二〇〇九年に基本法を改正して導入された「債務ブレーキ」条項は、ドイツの連邦と州に、原則として起債をおこなわずに財政収支の均衡を維持することを求めるものであった。この厳しい規定により、国防予算はこれまで以上に厳しい拘束を受けていた。なおベルトルト・マイヤーによれば、債務ブレーキ条項をもってしても、二〇〇九年一〇月の連立政権成立時に議会期内に徴兵制が停止することを予想した者はほとんどいなかったが、二〇一〇年四月にグッテンベルク国防相が連邦軍構造改革委員会を設置したのとほぼ時を同じくしてユーロ危機が生じ、与野党を問わず緊縮財政の必要性が明白となったことが、連邦軍の人件費にかかわる徴兵制停止に向けた議論を後押しした[101]。CDU／CSUは最後まで徴兵制停止に慎重であったが、こうした理念上、実務上、財政上の問題は大きく、連立パートナーのFDPも停止を求めるようになると、連邦軍構造改革委員会が報告書を提出した二〇一〇年一〇月以降、CDUとCSUは相次いで徴兵制停止を承認した。これにより、徴兵制停止を含む法案は二〇一一年三月に連邦議会、四月に連邦参議院を通過し、二〇一一年七月一日に発効した。

徴兵制は、その理念が根底から揺らいでいたことに加え、財政上の問題が自明であったことから、最終的にはすべての主要政党が賛成し、きわめて急速に停止へと至った。しかしこの展開は、徴兵制停止を妨げてきたもう一つの論点、すなわち、民間役務の社会的役割をどのように補塡するのかについて十分に議論するには、あまりにも急速であった。

連邦ボランティア制度の導入プロセス

それではここから、連邦ボランティア制度がどのような議論を経て導入されたのかを、時系列に沿って示していく。二〇一〇年八月二三日、連邦政府は、将来的な連邦軍の構造改革について示すなかで、徴兵制と民間役務を廃止し、「自発的な民間役務」に相当する制度を新たに導入することを提案した。これを受けて九月二一日、連邦参議院に二つの決議案が提出された。その一つがラインラント・プファルツ州首相のベック(Kurt Beck: SPD)が提出した決議案[102]である。これによれば、連邦政府が示した「自発的な民間役務」は、既存の青年ボランティア制度と目的が同じであり、「非合理的な二重構造[103]」を生じさせるばかりか、青年ボランティア制度を存続の危機に陥らせる。また、二七歳以上の男女に対象者を拡大したとしても、どの程度の参加者数を確保できるかは未知数であり、応募者数が受入先数を大きく上回る現状にある青年ボランティア制度のほうが、多くの参加者を集められることは明らかである。したがって、民間役務が廃止された場合、その受入先をすべて青年ボランティア制度の受入先とし、青年ボランティア制度の拡充を基本路線とする統一的な制度を再設計するべきである。さらに連邦が助成と認定を担うことによって連邦の財政権限を広げ、民間役務停止によって生じる余剰予算をすべて投入すれば、財政上の問題も解決される、との主張が展開された。

これに対して、もう一つの決議案を提出したバイエルン州の主張は、青年ボランティア制度をいっそう拡充すべきという点ではラインラント・プファルツ州と一致していたが、制度に関する州の権限については真っ向から対立していた。バイエルン州労働・社会・家族・女性相のハダートイアー(Christine Haderthauer: CSU)は、成功モデルである「州の青年ボランティア制度」のための権限を手放すことはバイエルン州の立場と全く相容れないとし、その理由として、青年ボランティア制度は連邦のみによっておこなわれるよりも、州、運営主体、受入先の多様性に基づいておこなわれたほうが、市民参加の多様性をより反映できるからであると述べた。さらに「バイエルン州は連邦による新制度の設立を前向きに支えていく」とも明言し、追加的、かつ調和的に連邦主導の制度が新設されることを容認する姿勢をみせた。ただし、連邦が提案する「自発的民間役務」と青年ボランティア制度は同程度に支援されるべきであって、青年ボランティア制度への助成額を引き上げるべきことも主張された[104]。

二〇一〇年一一月五日、最終的に採決されたのは、双方の主張を取り入れたバーデン・ヴュルテンベルク州の決議案であった。同州のシュトルツ(Monika Stolz: CDU)は、これまで提出されたすべての決議案は、ボランティア制度の政治的、社会的な意義を高めるという意味で共通していると前置きしつつも、「市民参加のテーマは、補完性原則のもと連邦を中心とする集権化に対抗するという、連邦制の自己理解にかかわる問題」であり、青年ボランティア制度のための州の権限を断念することは大きな損失であると述べた。また、連邦の権限拡大を模索しつつ、統一的な制度を再設計し、連邦と州で共同運営するというラインラント・プファルツ州の提案した方法を探るには、準備期間があまりにも短いという問題も指摘された[105]。決議案にも「徴兵制が停止され、自発的な民間役務が導入される場合であっても、連邦州の権限に直接影響する青年ボランティア制度関連法の規定を据え置く」ことが明記されており[106]、バイエルン州の立場に近い方向性をとることがほぼ決定した。

このように二〇一〇年時点での「統一」は、青年ボランティア制度を基盤とする制度を再設計し、連邦の予算を投入することで、不要な二重構造を防ぐ、という構想のもとに提案されていた。しかし、連邦の予算を大規模に投入するためには青年ボランティア制度に関する州の権限を連邦に移す必要があり、その点において合意形成は困難であった。さらに、徴兵制停止が目前に迫る中、連邦と州の権限を調整し、新たに統一的な制度を設計し直す時間が確保できないという問題もあった。その結果、連邦主導の別の制度を青年ボランティア制度と並存させる方向性が定まり、これ以降の議論の中心は、新制度の導入を認めるか否かではなく、新制度と並存することになる青年ボランティア制度をどのように存続させ、拡充していくか、というところに移行していく。その後、二〇一〇年一二月三一日に連邦政府によって提出された法案[107]は、わずか三か月の間に決議へと至った。以下では、連邦議会と連邦参議院における主な論点を示し、短期間で決議に至った要因を検討する。

二〇一一年二月一一日の連邦参議院では、ラインラント・プファルツ州首相のベックが、新たに導入される連邦ボランティア制度をめぐる「多くの不確実性」に言及し、とりわけ懸念されるのは、連邦軍にせよ民間役務の領域にせよ、停止後、その空白を補うのに十分な参加者数が確保できるのかどうかという問題であると述べた。というのも、連邦ボランティア制度は「(参加を)促進する構造」にはなっておらず、参加者を評価し、いずれの制度に参加しても常に同等の権利を得られるような枠組みを整備していかなくてはならない。さらには、青年ボランティア制度と連邦ボランティア制度が競合する「二重構造」により、甚大な組織上の問題が生じるにもかかわらず、教会、自然保護団体などさまざまな運営主体を加え、多様な要請を考慮した慎重な議論がおこなわれていないとして、法案形成プロセスにも疑問を呈した。ただしこうした批判の最後に「私たち連邦州は、魅力ある構造を支えていく用意がある」と述べていることからもわかるように、連邦ボランティア制度導入を否定するわけではなく、改善すべき点を指摘するという姿勢もみてとれる。連邦家族省のキューズ(Hermann

Kues)は、連邦ボランティア制度法案は青年ボランティア制度も同時に発展させていくことに貢献するものであると強調したうえで、たとえば社会福祉分野と環境保護分野の間にみられる格差は州補助金の差によって生じているところが大きく、「魅力ある構造」として両制度を整備するためには、参加者の同等な評価と権利のために州も協力すべきであることを指摘した。(108)

二〇一一年二月二四日の連邦議会では、連邦政府による連邦ボランティア制度法案(109)に加え、CDU／CSUとFDPによる決議案(110)、左派党(Die Linke)による決議案(111)について議論がおこなわれた。連邦家族相のシュレーダー(Kristina Schröder: CDU)は「二重構造」批判について、連邦政府が青年ボランティア制度に追加する形で連邦ボランティア制度を導入しようとする最も明白な理由は、州が青年ボランティア制度の拡充に必要な三億ユーロの支出を準備できないのに対し、連邦は市民参加促進のための過去最大規模の投資としてそれだけの支出を準備できるからである、と述べた。FDPのベルンシュナイダー(Florian Bernschneider)も同様に、「これまでになされたボランティア支援政策のなかでも最大の改革」として連邦ボランティア制度を称賛するとともに、「二重構造」批判は「些細な問題」であり、より重要なのは、将来的に、自発的な活動に従事する参加者全員が同じ枠組みのもとに置かれることであると述べた。これに対し、SPDのグリーゼ(Kerstin Griese)は、青年ボランティア制度には年間およそ三万五〇〇〇名の参加者がいるが、応募者数はその倍以上であり、全員の参加を可能にするには連邦のわずかな補助では全く足りない現状にあるとしたうえで、より魅力的、かつ統一的な制度を継続的に拡充するべきであると述べた。さらに、いま連邦ボランティア制度を導入すれば

「二重構造」が築かれ、運営主体の責任に基づく青年ボランティア制度が周縁化されるばかりでなく、徴兵制停止に伴う予算を青年ボランティア制度に投入するチャンスが失われてしまう、と主張した。緑の党のゲーリング(Kai Gehring)も、非効率的な競合関係を生むとして「二重構造」を批判するとともに、連邦ボランティア制度法案は市民参加ではなく、官僚的構造を支援しているに過ぎないとして政権批判を展開した。ＳＰＤと緑の党が連邦ボランティア制度導入を批判しつつ完全に否定するわけではないのに対し、左派党のディトリッヒ(Heidrun Dittrich)は、連邦ボランティア制度の導入自体を拒絶している。彼女は、連邦軍構造改革委員会による報告書[112]を引用し、連邦ボランティア制度は、将来的に徴兵制が再開された場合、連邦軍において軍事的役務に従事する人材を確保するための制度であると主張した[113]。

二〇一一年三月二四日、連邦議会における採決の結果、連立与党（ＣＤＵ／ＣＳＵ・ＦＤＰ）の賛成多数により連邦ボランティア制度法案[114]と与党による決議案[115]が可決された。ＳＰＤ[116]、緑の党[117]、左派党[118]の決議案はいずれも多数の支持を得ることができなかった。連立与党は連邦ボランティア制度を新設する理由として、以下の三点を挙げた。第一に、州が管轄する青年ボランティア制度の財政権限に連邦が踏み込むには、ドイツの憲法に相当する基本法を改正しなければならない。第二に、連邦が支援することなく青年ボランティア制度を拡充すれば、州に巨額の負担を強いることになる。第三に、徴兵制は廃止されたのではなく、停止されているのであるから、いずれ再開される場合に備え、連邦民間役務庁の人員と施設を維持しておく必要がある。連立与党はまた、連邦ボランティア制度は「市民参加の二つ目の柱」と位置づけられており、青年ボランティア制度への助成額を引き上げ、連邦ボランティア制度と青年ボランティア制度を同時並行的に支援していくと明言した。これに対し、連邦ボランティア制度を批判する意見は、以下の三つに大別できる。第一に、十分に議論を尽くすための時間がなかったゆえ、単に民間役務の「代用品」を準備するという議論に終始してしまった。本来であれば、今後、いかに青年ボランティア制度の地位を向上させ、どのように市民参加全体を強化していくのか、という包括的な議論をおこなうべきであった(SPD・緑の党)。第二に、連立与党は連邦民間役務庁を存続させて約一二〇名の公務員の職を守ることのみを重視し、不要な二重構造が正当化された(SPD・緑の党)。第三に、そもそも徴兵制は廃止するべきであり、その再開を前提にしていること自体、容認できない(左派党)。このように導入そのものに反対する意見が多くみられたが、その一方、導入がほぼ確実であることを前提に議論が進められている。それは、反対の立場をとるSPDと緑の党の側からも、労働市場中立性の確保、受入先の認定基準とその方法、教育的指導の質の確保、児童手当適用の有無、といった細かな内容面の改善点が指摘されていることからも言えるだろう[119]。

図7　連邦ボランティア制度の広報パンフレット(2024年)[vi]

ここまで、なぜ二〇一一年には、青年ボランティア制度を拡充するのではなく、新たに連邦ボランティア制度が導入されたのか、について検討してきた。その理由として、以下三点を挙げることができる。第一に、青年ボランティア制度への助成に関するほぼすべての権限を州が有しており、連邦が青年ボランティア制度に大規模な支援をおこなうにあたっては、基本法の改正が必要であった。第二に、連邦が青年ボランティア制度により多くの支援をおこなうことについてはコンセンサスが得られていたものの、その場合、州の権限をどの程度維持するべきかという点について、州ごとの見解には大きな隔たりがあった。第三に、徴兵制が廃止ではなく停止されたため、将来的な再開に備え、これまで民間役務のために維持されてきた施設や公務員の処遇について、当面は維持する必要があった。

上記の理由に共通して言えることは、仮に、徴兵制停止までの期間にもう少し余裕があり、十分な議論と調整をする時間が残されていれば、結果が異なっていた可能性があったということである。そうであれば、青年ボランティア制度の拡充を基本に統一的な制度を再設計する、という選択がなされ、連邦ボランティア制度は導入されなかったかもしれない。しかし、緊縮財政の必要性が明白となり、国防予算が厳しく拘束される中にあって、徴兵制停止についてのコンセンサスはすでに得られていた(120)。その結果、連邦ボランティア制度をめぐる法案は、与党の賛成多数による成立が自明な状況に置かれ、他の選択肢について十分に議論されることなく、短期間のうちに決議へと至ったのである。

5　支援と干渉の隘路で──「自発性」をめぐる議論の変容

本章では、自発性と義務、国家と個人の関係に目を向けつつ、ボランティア制度の歴史的展開について検討してきた。国家は、市民による自発的な活動をどのように理解してきただろうか。国民国家の成立とともに誕生した「労働奉仕」構想を軸に捉えると、社会に貢献する活動はほぼ一貫して、国民の義務たる徴兵制と強く結びつけられてきた。男性に課せられる兵役、または男性が担うべき就労には社会の規律を維持する役割が期待されており、また、共同生活と共同作業が社会的対立を克服すると考えられていたために、「自発的労働奉仕」は多くの支持を得て導入された。ナチ政権下の人種主義的な急進化は特異であったが、規律の維持、階級社会の打破といった構想には共通点もあった。戦後もこうした期待は継続していたものの、規律や失業、男性と「労働奉仕」の結びつきがナチ時代を想起させたことから、政治的、社会的に忌避され、国家レベルでの導入には至らなかった。

こうした状況において、現在のボランティア制度の基盤となる「ディアコニーの一年」は、なぜ社会に受け容れられ、FSJとして法制化されたのだろうか。その理由として一つには、キリスト教的価値規範、ケア領域の危機とその担い手としての女性、といった構想が、少なくとも直接的にはナチ期の労働奉仕を想起させにくかったことがある。またもう一つには、教会を中心に、国ではなく民間の主導による一〇年近い実践の積み重ねがあった。さらに、その規模がごく小さかったため、志ある若者を保護すべき、との主張に反対する意見も生じにくかった。そのうえで最も重要な前提は、当時の西ドイツが冷戦の最前線にあり、西側陣営の自由と民主主義、またそれを体現する基本法を重視していたことである。基本法で強制労働が禁止されている以上、自発的な活動をナチ期のように義務化することはできないし、そうしてはならない、との理解は自明であった。法制化プロセスにおいては

ＦＳＪと徴兵制は別の枠組みである、と強調されているが、社会に貢献するため自発的に活動する若者の地位を保障することと、すべての男性に兵役義務を課し兵役拒否者に代替役務を課すことは、いずれも自由と民主主義という共通の価値規範を前提としている。この共通点に加え、活動内容と、その社会的な役割も類似していたことから、徴兵制の廃止が議論され始めた二〇〇〇年代以降、ボランティア制度と徴兵制は制度上も急激にその距離を縮め、二〇一一年、徴兵制停止とセットで連邦ボランティア制度が導入されるに至った。

この連邦ボランティア制度は、一方において、量的な規模の拡大とそれによる社会的な認知度および政治的影響力の向上という意味で、肯定的に評価された。自発性を前提とし、参加者の経済的、社会的地位を保障するという、戦後一貫して重視されてきた目的にも変化はない。他方、ＦＳＪ法制化当時、連邦が直接、運営にかかわる制度設計がなされなかった意味については検討の余地がある。当時の議論で想定されていたのは、補完性原則に基づく分権的構造である。すなわち、連邦の権限を最低限必要な立法と助成のみに抑え、州の管轄のもと、多様な担い手による自由な実践形態を最大限尊重することで、国家と社会の間に一定の距離を保ち、ボランティア制度の運営にかかわる多様な組織の自律と独立性を保つことが目指されていた。そもそも公的助成と、社会における組織の自律との間には緊張関係があり、州が管轄する青年ボランティア制度においても、その両立は困難をきわめている。それでもなお、その分権的構造は、多様な実施形態や運営方針を並存させることに寄与し、同時に、徴兵制や民間役務との構造上の差異を際立たせてきた。しかし、二〇〇二年の法改正が州レベルに及ぼした影響に示されているように、分権と多様性を特徴としてきた青年ボランティア制度には、集権化・平均化の方向性が観察される。

二〇一一年以降、社会の「結束」ないし「連帯」をキーワードに、社会に貢献する活動の義務化をめぐる議論が繰り返し提起されているが、その背景の一つには、もともと徴兵制とは別の枠組みであることが強調されていたボランティア制度に構造的な変化が生じ、その差異が一層、みえにくくなったことがあるのではないだろうか。

第 3 章

物言うボランティア
――政治教育との接続

ここまで、ドイツにおけるボランティア制度の制度設計とその歴史的展開について、徴兵制との関係性をやや強調しつつ論を進めてきた。二〇一一年の徴兵制停止と連邦ボランティア制度の導入は、切り離すことができない両者の関係性を明確に示している。ただし、民間役務の受け皿としての役割はあくまでも政策的期待の一つであり、法律上、青年ボランティア制度は青年教育を、連邦ボランティア制度は生涯教育を促進するものと定められている。すなわち活動そのものと、参加者に提供される研修は学校外の「教育」と位置づけられており、政策形成者も運営にかかわる団体も、教育政策としての認識を共有している。その認識はさらに、すべての人が平等にアクセスできる教育の機会を確保する、という社会的包摂ないし持続可能な開発目標（ＳＤＧｓ）の議論とも結びつけられている。つまりボランティア制度は、性別、地域、学歴、出自、経済状況、障害などにかかわらず、あらゆる人々が参加することのできる教育の機会、すなわち包摂政策としても展開されてきた。

これらの政策的位置づけを踏まえ、以降、第三章・第四章ではそれぞれ「教育」「包摂」の共通認識のもとで実践されてきた現在のボランティア制度の成果と課題を具体的に示す。さらに第五章では、第二章で示した構造的変化と関連づけつつ、ボランティアの義務化をめぐる昨今の議論の動向を分析する。

1　デモ行進するボランティア

ここで一度、「ボランティア」の理解とその支援政策が日本とドイツでどのように異なるのかを比較しつつ整理してみよう。皆さんが「ボランティア」と聞いて思い浮かべるのは、どのような人々だろうか。日本においてボランティアは、「自発性」「非営利性（無償性）」「公共性（社会性・公益性）」を必要条件とする活動、と定義される(1)。すなわち自らの意思で、営利目的でなく、世のため人のためにおこなう活動である。内閣府の調査では、ボランティア活動を「したことがある」と回答した人が参加した分野として、まちづくり・まちおこし、子ども・青少年育成、地域安全、保健・医療・福祉、自然・環境保全などが挙げられている(2)。オリンピックなどのスポーツにかかわる活動や、地震などの災害救助にかかわる活動を思い浮かべる人も多いだろう。

それでは、ボランティアと政治、また、ボランティアと社会との関係は、どのように考えられているだろうか。ボランティアの定義のうち、特に「公共性」の面から考えると、社会や政治のあり方を批判することや、権力に対峙し社会を変革しようとする運動も、ボランティア活動に含まれる。たとえば哲学者の入江幸男は、ボランティアの動機を他人のため、自分のため、社会のための三つに分類したうえで、ボランティアを社会のための「公的（public）な行為」と理解することが重要だと述べた。その理解に立てば、自ら行動して問題を解決しようとすることや、討議により世論を形成し、政治を監査することも、ボランティアが果たすべき役割である。[3] 教育学者の内海成治も同様に、ボランティア活動には「あるべき社会を目指す市民運動としての側面」があり、「社会の変革を目指す」ことも含めてボランティアであると理解している。[4]

しかし、二〇二〇東京オリンピックのボランティアが「やりがい搾取」と批判されたように、[5] ボランティアは、従順な人々による政治と切り離された活動、と理解されることもある。猪瀬浩平は、障害者による自立生活運動や反公害運動の当事者が、自らの活動を「ボランティア」と認識していたにもかかわらず、そのようなボランティア理解が一般的ではないことを指摘した。[6] ボランティアと政治が切り離されてきた理由の一つは、ボランティアは国家や市場に都合よく利用されており、今ある社会構造を温存してしまっている、という動員論的な批判である。その批判は、政治や社会のためではなく自身の楽しみや生きがいのために活動している、といった活動者の語りに影響を及ぼし、また同時に、ボランティアは結局のところ自己満足に過ぎない、という批判にもつながっている。[7] このように、ボランティアは政治的・対抗的な運動と切り離され、それらとは別のものとして理解される傾向がある。こうした個人の次元への過度な着目は、自発的に始めた活動のリスクは活動者自身が負うべき、という自己責任論を補強し、政治や社会の次元でボランティアを捉え、活動を支援するという議論を妨げてきた面がある。

一方ドイツでは、活動領域による差はあるものの、政治性・批判性を孕む活動とボランティア活動との結びつきは、政治的にも社会的にも違和感なく受け容れられている。連邦によるボランティア調査にも、政治活動や政治的な利益代表活動に関する調査項目が含まれている。(8) また、原子力の利用に反対するデモや、気候変動に関するデモをボランティア活動者が担うことも日常的にある。第二節に詳述するように、政治との距離と関係性という意味で、日本の「ボランティア」と、ドイツの「市民参加(bürgerschaftliches Engagement)」の理解は大きく異なる。

なぜドイツでは、政治や社会に対する批判や異議申し立てなどの「物言う」活動と、世のため人のための「ボランティア」活動が、違和感なく結びつき得るのだろうか。結論を先取りすると、包括的な概念の形成と、多様な支援政策の展開がその背景にある。なかでも、ボランティア活動が民主主義を守る政治教育の一環として位置づけられ、多様な主体が現場での実践を蓄積してきたことの意義は大きい。ここで着目するのは、ボランティア自身が政治教育の担い手となっている「ボランティア制度」の展開である。第一章でも述べたように、この制度は、原則一年間にわたり、ボランティアの食事、住居、作業着、小遣い、社会保険、研修等を保障する、連邦法に定められた支援プログラムである。制度に定められた研修を実施するのは、公式には連邦、州、非営利団体などの認定された組織だが、非公式ながら、制度の参加者や参加経験者、すなわちボランティア自身も教育の担い手となっている。

そこでこの章では、ボランティア制度を事例に、政治性、批判性を孕む活動とボランティアが結びつけられ、政策として支援されることによる成果と課題について考える。まず、日本の「ボランティア」とドイツ語の「市民参加」概念の違いを確認する。そのうえで、ボランティアが学校外政治教育として位置づけられ、政策として支援されてきた経緯を示す。さらに、政治教育を担う主体について、連邦、州、非営利団体だけではなく、ボランティア自身を視野に、その実践と課題について検討する。なお本章は、ボランティア活動、投票行動、デモなどの抗議行動の間に優劣をつけることを目的とはしていない。ドイツの事例を扱うため、どうしても、ボランティア活動から抗議行動への接続についての記述が中心になる。しかし政策決定に影響を与える方法がデモ一択ではないことは、数々の研究から明らかである[9]。したがって、いずれか一つではなく、多様な参加形態をそれぞれに重視することを、あらかじめ確認しておく。

2　ボランティアの政治性とその社会的受容

ドイツ語の「市民参加」は、自発的な活動そのもの（狭義の「ボランティア活動」）だけではなく、投票行動、選挙運動や政策提言などの「政治参加」[10]、デモや抗議行動などの「社会運動」[11]も含む広範な概念として理解されている[12]。先ほども述べたように、日本語の「ボランティア」も、定義としては政治性、批判性を含むが、その理解が一般的とまでは言い難い。政治参加と社会運動を結びつける研究は不足しており[13]、それらとボランティアとを結びつける研究もわずかである。なぜ、日本の「ボランティア」は政治的なものとして受容されにくいのか。この問いを、ドイツで政治的・対抗的な活動がボランティアと地続きの関係として理解されやすい理由から考えてみよう。

一つ目の理由として、市民によるさまざまな活動が、福祉国家を支える機能の一つとして認められ、政治的に支援されてきたことがある。辻英史が歴史的展開を紐解いて示したように、ドイツにおいて、病気や事故、高齢、失業、災害などのリスクから個人を保護する仕組み（社会的安全）は、国家機構だけではなく、市民のさまざまな参加形態を含む「福祉の複合体」によって重層的に構築されてきた。市民の参加形態は、（一）個人または団体としての自発的な活動であるアソシエーション型、（二）組織的・長期的に国家の財政支援を受けて活動する名誉職型、さらに、（三）現状の社会体制を批判し、抗議する行動を伴う社会運動型、の三類型に整理される[14]。この複合的な理解に基づく「市民参加」は、一九九〇年代末以降、財政危機、失業問題、少子高齢化、福祉政策、移民・難民の社会的統合、民主主義教育などあらゆる課題の「万能薬」とみなされ[15]、連邦政府が主導する「参加政策（Engagement-politik）」として促進されてきた[16]。

ボランティアと政治的、批判的な運動が結びつけられやすい二つ目の理由は、上記（三）の社会運動型も支援の対象となっていることである。社会運動型の市民参加は、一九六〇～七〇年代の政治的な抗議行動、たとえば女性運動、反核平和運動、環境運動や原子力施設反対運動の延長線上にある。一九六〇年代後半の学生運動は世界的な現象だったが、当時の西ドイツで展開された運動は、「なぜナチスの台頭を許したのか」という親世代への糾弾と、その権威主義的パーソナリティの拒絶をテーマとした点で特殊であった[17]。原子力施設反対運動を分析した青木聡子は、こうした「特殊ドイツ的」展開が現在の社会運動に及ぼした影響として、目的達成のためではなく、抗議行動そのものを目的とする運動観を挙げた。この運動観は、緑の党や大規模な環境保護団体によって運動が制度化されても抗議行動が継続する社会の構築にも寄与している。[18] 参加政策の発端となった連邦議会の調査委員会「市民参加の未来」の二〇〇二年報告書でも、抗議行動、ロビー活動、社会運動といったさまざまな政治へのかかわり方が、民主主義に欠かせない市民参加の一形態であると明記されている。[19] このように、政治的決定に参加できるか否かにかかわらず、議会外・政治体制外の批判的・対抗的な活動が社会的に受容されており、政治的にも公的支援の対象とされていることは、社会運動とボランティア活動が矛盾なく並存する理由の一つである。

さらに三つ目の理由は、ボランティア活動を「学校外政治教育(außerschulische politische Bildung)」[20]と位置づけ、国家の責任の下で活動者の安全を確保し、その身分を保障すべき、という考え方が政治社会的に広く受容されたことである。この考え方は一九六四年以来、ボランティア制度を中心に展開されてきた。連邦法では「社会的、文化的、異文化的な能力を与え、公共の福利に対する責任感を強化する」[21]ために教育を提供し、若者の「学習能力(Bildungsfähigkeit)」[22]の向上、または生涯学習の促進[23]に寄与すべきことが定められている。特に二〇〇二年の調査委員会報告書において、兵役拒否者が従事する「民間役務(Zivildienst)」が果たしてきた役割を補完する可能性が示されてからは、徴兵制停止を見据える政策的意図とも相まって、ボランティア制度への公的支援は急増し、年間一〇万人が参加する規模となった。これまでボランティア制度の運営にかかわり、参加者を受け入れてきた非営利団体は、自らを学校外政治教育の担い手と認識している。特に社会運動の流れを汲む環境保護団体や平和団体は、現実の政治で起こっている問題を批判し、行動することこそが民主主義の根幹を支える、という強い自己認識をもつ。無論、ボランティア制度にかかわる非営利団体の目的や規模は多様であり、すべての団体が同じ認識を共有しているわけではなく、教育構想も実践の方法もさまざまである。しかし少なくとも、若者の成熟と自律を促し、問題解決能力を育成し、民主主義の基盤を構築する、という教育的意義は共有されている。こうした実践が蓄積されてきたことで、ボランティア制度は、ボランティア活動の枠を超え、投票行動、デモや集会などの抗議行動、政党やロビー活動などと接続し、政治にかかわる方法の多様性を確保することに寄与してきた(24)。

ここまでみてきたように、ボランティアの政治性が受容されるためには、包括的な概念の形成だけではなく、政治的、批判的な活動も含む学校外教育が支援政策の対象となっていること、さらに、教育的実践の結果、現場のボランティアからのフィードバックと、社会的な評価が蓄積されることが重要である。

一方、日本の教育をめぐっては、非政治性がたびたび指摘される。たとえば、ドイツでは環境保護団体が環境教育を政治教育と位置づけながら実践し、政治的な影響力も維持してきたが、日本では、環境教育が環境問題の解決に影響を与えられていない、との批判がある。その理由として挙げられるのは、かつて、反公害運動の流れを汲む「公害教育」が草の根レベルで展開されていたにもかかわらず「偏向的」と批判され、公的な学校教育における環境教育の主流から外れてしまった、という歴史的経緯である。結果、公害教育はその政治性を失い、今では単なる暗記項目の一つとなってしまった(25)。

また、ドイツでボランティア支援を根拠づけている「政治教育」についても、その言葉自体、日本では偏向的と捉えられる傾向があり、一般的に用いられることは少ない。主体的な社会参加、問題解決能力、社会の変革を担う能力を伸ばすための教育は、シティズンシップ（市民性）教育、あるいは主権者教育などという言葉で表現される。[26] 日本でも、「考え、議論させる」道徳教育や、生活圏や地域社会とのつながりを重視する防災教育など、生徒の主体性や能動性を高める先駆的な試みが一定の成果をあげてはいる。[27] しかし現在進行形の政治問題を扱う教育実践はわずかであり、[28] とりわけ公的な学校教育における制約は大きい。次節ではまず、「中立性」をキーワードに、日本の政治教育における非政治性について示す。その後、ドイツの歴史的背景に触れつつ、ボランティアが学校外政治教育として位置づけられた経緯と、その課題について説明する。

3　学校外政治教育としてのボランティア

日本では、中立性が「徹底」されてきたために政治教育が存在しなかった、と指摘される一方で、[29] むしろ中立性は「否定」されてきた、との指摘もある。徹底と否定という一見、正反対の指摘があること自体、政治的中立性の難しさを表している。以下では、日本で「徹底」されてきたとされる中立性について説明したのち、「否定」されてきたとされる中立性について示す。

まず、日本の教育の場において「徹底」されてきたという中立性を簡略に示すと、以下の二点に集約できる。第一に、論争性のあるアクチュアルな政治問題を扱わないこと、第二に、教員は個人的な主義主張を述べないこと、である。近藤孝弘は、このように議論することを避ける意味で中立性が理解された要因として、戦後日本の教育行政を挙げている。一九六九年、当時の文部省が全国の教育委員会等に送った通達により、「国家・社会としては未成年者が政治的活動を行なうことを期待していないし、むしろ行なわないよう要請している」ことが確認された。その結果、児童・生徒の政治意識は育む対象ではなく忌避すべき対象と認識されるようになり、学校は、権威に対する従順さを教える場となってしまった。ただ、少子高齢化とグローバル化が進む現代社会において、若者の政治意識や投票率の低下は危機的であるとも認識されており、二〇一五年には公職選挙法改正により一八歳選挙権が導入された。その際、先の通達も廃止されたが、それでもなお、「教員は個人的な主義主張を述べることは避け、公正かつ中立的な立場で生徒を指導」すべきことが強調されている。このように、これまで「徹底」されてきたのは、論争を避け、教員は自らの主張をしない、という意味での中立性である。他方、これまで「否定」されてきたとされるのは、ドイツにおける政治的中立性の理解であり、その要点は、第一に「現実の政治問題を教室で扱う」こと、第二に「教室の中でも議論がおこなわれてこそ」中立性が維持される、という考え方にある。つまり教員は、自らの主張を生徒に押し付けるためではなく、生徒間の議論を促す目的であれば、自分の意見を表明することが許容されうる。(30)

無論、ドイツでも、はじめからこのような理解が一般的だったわけではない。現代ドイツにおける政治的中立性を理解するうえでは、「ボイテルスバッハ・コンセンサス」と呼ばれる共通認識の形成が重要である。学生運動が興隆した一九六〇年代後半以降、革新派の政治教育研究者らによる議論が力をもつようになり、保守派との対立が激化した。そこで一九七六年、不毛な争いを収拾するため、ドイツのボイテルスバッハで開催された会議を契機に、三つの原則がまとめられた。第一に、教員が特定の見解を強要することを禁じる「圧倒の禁止」、第二に、学問や政治の場で意見が分かれている問題については授業でもそのように扱うという「論争性」、第三に、生徒が自分の関心や利害に基づいて政治に参加する能力を育てることを目指す「生徒志向」である。(31) この三原則は、非生産的な政治的対立を超えて多様な意見を相互に尊重する姿勢を方向づけ、政治教育の安定的な発展に貢献した。

また、政治教育が連邦レベルで取り組むべき課題と位置づけられたことも重要である。ナチズムとホロコーストという過去を背負う戦後ドイツにおいて、ナチズムと決別し、民主主義の意識を確立することは、重要な政策であった。ただし、歴史教育の研究からも指摘されるように、東西ドイツが対立する冷戦下の教育は、両者がそれぞれ国家としての正当性をアピールするためのものでもあった。西ドイツでは、ナチズムと社会主義を「全体主義」として結びつけ、その対抗軸として民主主義を位置づけており、東ドイツでは、ナチズムを金融資本と結託した反動政権と解釈し、ナチズムの後継である西ドイツに対抗するのが社会主義であると主張していた。(32) このように、東西ドイツの教育には「相手の体制をナチ体制と比較することによって貶めようとした」という共通点がみられることは念頭に置かなければならない。(33) それでもなお、政治教育を連邦レベルの課題として取り組んできたことの意義は大きい。象徴的なのが、連邦政治教育センター(Bundeszentrale für politische Bildung)と呼ばれる、政治教育を専門に扱う機関である。同センターは、法的な行政権限はもたないが、連邦内務省の管轄にあり、東西ドイツ統一以前のドイツ連邦共和国の首都であったボンにその本部がある。公的・私的な教育機関への政治教育、民主主義教育にかかわる情報提供、学術誌の発行、政治教育コンクールの実施等、多様な活動をおこなっている。連邦内一六州のすべてに設置された州政治教育センターをはじめ、さまざまな教育組織と広く連携している(34)。

さらに、ボランティア制度との関連で重要なのは、政治教育が、歴史・政治・経済といった学校での教科学習に限定されるものではなく、「家庭や学外の活動全般を通じての学習プロセス(35)」と理解されていることである。政治教育の場は、非営利団体、財団、教会、組合、政党、カルチャースクールなど、広く学校外にも開かれており、ボランティア制度に限らず、政治教育の担い手としての自己認識をもつ団体も多い。政治教育について、学校内外の連携が必要と主張するベネディクト・ヴィドマイヤーも、学校内では、ボイテルスバッハ・コンセンサスのうち生徒の主体的な判断を妨げず(圧倒の禁止)、現実の政治問題を相互尊重のもとで議論すること(論争性)が重視されてきた一方、政治に影響を与える能力の涵養(生徒志向)という意味ではむしろ、学校外での蓄積が大きいことを指摘している(36)。また前述のように、ボランティア制度が政治教育として位置づけられてきたことは、ボランティア活動者の学びや成長という個人の次元だけではなく、民主主義的な社会の構築といった社会の次元における意義を示し、公的支援を受けるうえで重要であった。しかし学校外政治教育をめぐっては、いくつかの課題も指摘される。

学校外教育の担い手は多岐にわたり、いずれも政治的な主義主張と無関係ではない。政治的な議論を教育の現場に持ち込まず、いわば無色透明な中立性を保つことは構造的に不可能である。そのため、学校外政治教育の担い手は、特定の政治的見解に偏っている場合があり、ボイテルスバッハ・コンセンサスに特に留意しなければならない、と指摘されることがある。[37] 前述のように、学校教育の現場では、特定の見解を強要せず、相互尊重のもとで議論するという共通認識が一九七〇年代にはすでに形成されていた。しかし、学校外政治教育に関しては、一九九〇年代半ば頃まで合意の必要性すら議論されることがなかった。ただしそれは、学校外教育において、特定の見解が強要されてきたことを意味するわけではない。共通認識が議論されなかったのは、多種多様な価値規範が混在する学校外教育の担い手にとって、「論争あってこそ」の中立性、という理解が自明だったためである。[38] それはまた、論争性を確保しながらも「特定の見解」、つまり国家の正式な発表などの公式見解に反対する意見をあえて提示する、反権威主義の表れでもある。後述するボランティア制度の教育構想でも、連邦や州から公的支援を受けているからこそ、批判性・対抗性を維持しなければならない、と考えられていることがみてとれる。

ただし、すべての学校外教育の現場で、批判性・対抗性が同じ程度に共有され、重視されているわけではない。たとえばデモなどの抗議行動については、学校内教育に比べると肯定的に受け止められる傾向があるが、すべての学校外教育の担い手がその認識を共有しているとは限らない。その意味において、政治教育としてのボランティア活動をめぐる評価は二分している。現在、ボランティア活動は学校の内外で政治教育としての地位を確立し、「参加政策」の一環として支援されている。なかでも主要政策であるボランティア制度は、既存の権力関係や政治社会構造に対抗し、社会を変革するために行動する政治教育として機能している、と評価されてきた(39)。しかしその一方、ボランティアとして活動する若者が、「何もしなければ困る人々がいる」という思考停止に陥り、ボランティアが必要とされる社会構造が抱える問題に気づくことなく、むしろ、既存の社会構造を温存してしまう、といった動員論的批判もある。言い換えれば、ボランティアの支援政策には、新自由主義的な政策的意図、すなわち財政負担を軽減するための「穴埋め」という側面があるにもかかわらず、ボランティア自身がその政治的意図に無自覚なまま活動を続けることで、根本的な問題が解決されないことが危惧されている(40)。

このように、多種多様な構造をもち、学術的な拠り所も定まらない学校外教育の全体像を把握することは難しく、政治教育としての教育的・政策的効果の測定もきわめて困難である。以下では、こうした限界を踏まえつつも、抗議行動を含む批判的な政治教育を中心に、教育構想と実践例を参照し、その課題について検討する。

4　ボランティア制度における政治教育の実践

ボランティア制度における政治教育は、誰が、どのように担っているのだろうか。本節では、デモなどの抗議行動も含む批判的・対抗的な政治教育を中心に、法律に定められた教育の担い手だけではなく、ボランティア自身も政治教育の一端を担っている、という視点を提供していきたい。そのうえで、政治教育がボランティアと政治や社会とを結びつける意義をもつ一方、多くの課題を抱えていることについて考える。

第一章で詳しく述べたように、ボランティア制度の参加者は、食事や住居、社会保険などのほか、研修をはじめとする教育の機会が保障された状態で、原則一年間、フルタイムで活動を継続する。ボランティア制度の種類はさまざまであり、ドイツ国内、または国外で実施される制度に大別される。国内の制度にも、若者のみ(義務教育修了後から二七歳未満)を対象とする青年ボランティア制度と、義務教育修了後の全世代を対象とする連邦ボランティア制度がある。さらに活動分野も、福祉・介護、児童・青年教育、環境保護・環境教育、スポーツ、芸術、記念碑保護、災害支援など多様である。

ボランティア制度における「教育的指導(pädagogische Begleitung)」としては、以下の三つが挙げられる。第一に、受入先で参加者に提供される、活動に必要な知識や技術などの専門的指導(fachliche Anleitung)、第二に、主に制度の運営を担う運営主体または中央組織により提供される、活動中に生じたトラブルの解決、質問や相談への対応や助言といった個人への心理的な支援(individuelle Betreuung)、第三に、法律に定められた研修(セミナー)である[41]。ボランティア制度では、短期かつ散発的な活動ではなく、生活保障と教育の機会を伴う長期かつフルタイムの活動が展開される。したがって、その教育について考える際には、現場での実践や指導と定期的におこなわれるセミナーが長期間にわ

表１　ボランティア制度で実施される研修（セミナー）の概要

制度の種類	参加者の年齢	日数	実施主体
青年ボランティア制度	義務教育修了後～27歳未満	25日間／年	運営主体
連邦ボランティア制度	義務教育修了後～27歳未満	20日間／年	中央組織 連邦市民社会庁
		5日間／年	連邦市民社会庁のみ （「政治教育セミナー」）
	27歳以上	1日～／月	中央組織 連邦市民社会庁

（筆者作成）

たり結びつく、という特殊性を考慮する必要がある。運営にかかわる団体は、参加者が実践的な活動とセミナーでの省察を繰り返すなかで、政治社会的な課題を自らの生活圏や経験と結びつけながら認識するようになる、という教育的意義を共有している(42)。

表1に示すように、法律に定められたセミナーの日数は年齢により大きな差がある。青年ボランティア制度に参加する場合、一年間につき計二五日間のセミナーが義務づけられており、たいていは五日間ずつ、五回に分けて実施される。連邦ボランティア制度では、二七歳以上と二七歳未満で対応が大きく異なり、二七歳以上であれば活動期間一か月あたり一日のセミナーが定められている。一方、二七歳未満の若者は、一二か月の活動期間につき計二五日間のセミナーに参加しなければならず、そのうち五日間は連邦が主催する「政治教育セミナー」を受講することが義務づけられている。

なお、この「政治教育セミナー」をめぐっては、連邦のみを実施主体としていることへの批判がある。第一章で詳述したように、連邦ボランティア制度は、徴兵制と民間役務の停止に伴う福祉施設等への悪影響(人員不足)を最小限に抑えるため、二〇一一年に新設された。その際、徴兵制が再開された場合に備え、民間役務にかかわる人材や施設がほぼそのまま残された。「政治教育セミナー」実施主体の連邦市民社会庁(第一章、注35参照)は、旧連邦民間役務庁を引き継ぐ組織であり、その傘下にある教育センター(Bildungs-zentren)も、旧民間役務学校(Zivildienstschule)を改称した研修施設である。教育センターの施設数は、民間役務従事者数のピーク時から大きく変化しておらず、過剰であるとの批判もあるが、人員や施設の削減は容易には進められない。なかでも問題視されているのは、連邦が、政治教育の「中立性」を理由に、運営にかかわる非営利団体等を実施主体として認めていないことである。前述のように非営利団体等はこれまで「論争あってこそ」の中立性という理解のもと、多様な政治教育を実践してきた。「政治教育セミナー」実施権限の排他性は、こうした教育実践や、多様性・多元性を重視する政治的中立性の理解を否定するものであり、撤廃されるべき重大な課題と認識されている。このように、セミナーの内容以前の問題として、「誰が」政治教育を担うべきか、という構造的課題が提起されていることも念頭に置きつつ、以下では、批判性・対抗性をとりわけ重視してきた政治教育の一つとして、環境保護や環境教育の分野で展開されてきたボランティア制度の事例を示していく。教育構想やセミナーの事例、さらに参加者による自主的な取り組みについて検討したのち、こうした教育の課題について考察する。

ボランティア制度の環境保護分野は、連邦レベルでは一九九三年に開始された。一九六四年から続く社会福祉分野に比べると規模は小さいが、若者からの人気が高く、長期的には拡大傾向にある。参加者数の推移をみても、二〇〇二年には年間一六〇〇名ほどだったが、現在では青年ボランティア制度に約三〇〇〇名、連邦ボランティア制度の参加者と合わせて年間五〇〇〇名ほどが参加している。参加者は主に、農園、自然保護・環境保護団体、動物園、植物園、国立公園、自然保護区域、州や自治体の環境部門、環境教育施設、自然博物館等において、環境保護のための広報活動、動植物や庭園の管理、環境教育の補助、リサイクル活動、緑化活動などに従事する。

環境保護団体による理論的基盤の提供

ボランティア制度の運営にかかわる非営利団体のなかでも、ドイツ環境自然保護連盟(Bund für Umwelt und Naturschutz Deutschland e.V.: BUND《ブント》)や、ドイツ自然保護連盟(Naturschutzbund Deutschland e.V.: NABU《ナブ》)といった大規模な環境保護団体は、政治教育としてのボランティア制度の構想に理論的な基盤を提供している。

ＢＵＮＤは、一九七五年の設立以来、ドイツにおける環境運動を牽引してきた。草の根レベルの環境運動を支援する一方で、テーマごとの専門的なワークショップも開催し、世界各国とも連携している。抗議行動を続けつつも、急進化を避け、秩序ある組織を志向した結果、現在では、連邦組織と一六の州組織、約二〇〇〇の市町村組織に約五八万四〇〇〇名の会員を有する、議会外勢力の一翼となっている。(43) ＢＵＮＤは、州組織としては開始時から、連邦組織としては二〇一一年からボランティア制度の運営にかかわってきたが、その教育構想のなかで、デモへの参加をテーマとするセミナーの実践例を示している（表2）[44]。このセミナーは、実際のデモへの参加を中心に構成されており、メディアや社会、政治に訴えかけるというデモの効果だけではなく、集団行動の際の注意点や意見の対立を解決する方法などの知識も提供している。また、デモの参加前には、デモで何をするべきか、どのような準備が必要かを考えさせるとともに、参加後には振り返りの時間を設け、デモの限界についても省察させる内容となっている。

一方NABUは、一九世紀末から続く伝統的な自然保護団体だが、ナチ政権の下で準国家的団体として特権的地位を享受した過去により、戦後は多くの会員が、政治とのかかわりを極力避けることを望んだ[45]。一九六八年の学生運動に際しても沈黙を貫いたが、青年組織により変革が試みられ、約二〇年にわたる内部抗争を経て、幅広い環境問題を扱う団体へと変化した。この変革により、緑の党やBUNDが急成長するなかでも影響力を維持してきた[46]。現在では六二万名の会員を有し、五〇〇〇の自然保護区域と八〇の自然保護センターの管理に加え、選挙運動への参加や反原発デモの主催など、比較的穏健ながら運動団体としての側面も併せもっている[47]。NABUが提示するセミナーの実践例は、鳥類保護をテーマとし、コミュニケーションの基礎や鳥類保護に関する知識の提供と、エコツアーの企画・構想・広報活動などを組み合わせて構成されている。最終的には、参加者自ら企画したエコツアーの広報資料を作成し、構想について発表させることで、獲得した知識を活用させる内容となっている[48]。

表２　デモへの参加を中心に構成されたセミナーの実践例

<table>
<tr><th></th><th>9:00～12:00</th><th>14:00～18:00</th><th>19:30～21:00</th></tr>
<tr><td>１日目</td><td>到着</td><td>・担当者の自己紹介と進行の確認
・エネルギー転換デモが実施される背景
・過去におこなわれたイベントの概要</td><td>・大規模デモの目的
・過去のデモに関するメディア報道</td></tr>
<tr><td>２日目</td><td>・抗議行動やプロジェクトの基盤としてのチームワーク
・集団における思考や行動様式の特性
・意見の対立とその解決</td><td>・公平で平等なチームワークのための対話における節度
・抗議行動のアイデア</td><td>自由時間</td></tr>
<tr><td>３日目</td><td>・週末のデモに向けた進行計画の作成
・チーム分け</td><td>・デモの構想とタイムスケジュールの作成
・「準備段階ではいつ何をすべきか？」</td><td>デモのためのチェックリスト作成</td></tr>
<tr><td>４日目</td><td colspan="2">・最終準備「デモの間，何をするか？」
・農業に関するデモ「もうたくさんだ！(Wir haben es satt!)」への参加
・エネルギー転換に取り組む団体のワークショップ</td><td>まとめの議論「協働の限界とは？」</td></tr>
<tr><td>５日目</td><td>・後片付けと清掃
・振り返り「デモで何が起こったか？」</td><td>セミナー担当者による評価とまとめ</td><td></td></tr>
</table>

こうしたセミナーの実践例からは、団体による重点の違いが読み取れるものの、彼らの間に教育をめぐる争いがあるわけではない。ＢＵＮＤとＮＡＢＵは共同で教育構想の作成にあたっており、各団体は相互尊重のもと、それぞれの得意な分野をセミナー運営に活用している。このように、政治社会的に大きな影響力をもつ環境保護団体が、対立せず協力して多様な実践例を構想としてまとめ、専門的な知見をもって理論的基盤を提供していることの意義は大きい。

政治教育の担い手としてのボランティア

ここからは、連邦、州、非営利団体など、法律で定められた実施主体のみを政治教育の担い手として捉えるのではなく、ボランティア制度の参加者自身が果たす役割について検討する。そのためにまず、政治教育のあり方に若者の意見が反映されてきた経緯を示し、次に、ボランティア制度の参加者による自主的な活動の実態について示す。

ボランティア制度のなかでも、第二章第二節・第三節で検討した青年ボランティア制度(環境保護分野)は、主体性・批判性を重視し、政治への影響力を獲得することを志向する教育構想で知られる。しかし、こうした教育構想が初めから確立していたわけではない。たとえば一九八〇年代後半、ニーダーザクセン州で試験的に導入が試みられた際には、運営を担う州環境省の企画により、「エネルギー」をテーマとするセミナーで原子力発電所の見学がおこなわれ、原子力に好意的な説明がなされるなど、当時のＣＤＵ政権の影響が色濃くみられていた。こうした状況を変化させたのは、緑の党の伸長や政権交代といった政治的要因もあるが、ボランティアとして参加した若者による影響も看過できない。参加者は、はじめはアンケートを通して、次第に共同決定プロセスへの参加を通して、教育構想に影響を及ぼしていった(49)。連邦レベルでの導入に先立って試験的な導入がおこなわれたニーダーザクセン州、バーデン・ヴュルテンベルク州、シュレスヴィヒ・ホルシュタイン州では、試行後に都度、アンケート調査がおこなわれた。そのなかで明らかにされた参加者の意見、たとえばセミナーにおける座学(講義)の割合を減らし、もっと参加者が関与できる構成にしてほしい、といった要望は、その後の教育構想に反映されている。バーデン・ヴュルテンベルク州の試行では、州政治教育センターが運営を担い、環境教育と政治教育を結びつけることが試みられた。参加者にはセミナーの企画・運営に関する幅広い裁量が与えられ、彼らの強い希望により、政治的なテーマが扱われるようになった。さらにシュレスヴィヒ・ホルシュタイン州での試行では、連邦や州から独立した組織としてプロテスタント系の青年団体が運営を担うこととなり、参加者主導でセミナーを企画・運営することに加え、参加者が制度設計に関与し、共同決定にかかわる「参加者代表システム(Sprechersystem)」が導入された。

参加者代表システムは、参加者自身の要望を連邦および州の政策に反映させるための仕組みであり、現在では連邦レベルで導入されている。その基盤となっているのが、すべてのセミナーを三〇～四〇名程度の同一メンバー、同一の教育担当者のもとでおこなう「セミナーグループ」と呼ばれる原則である。各セミナーグループが持ち回りでセミナーの企画・運営を担当することにより、参加者の相互交流、議論と協働、責任感の醸成が目指されている。各グループからまず二名ずつ代表が選出され、次に州代表が一～三名、最終的に連邦参加者代表会議（Bundesdelegiertenkonferenz）で計五名の連邦代表が選出される。連邦代表は、環境保護分野のボランティア制度の運営を担う五二の運営主体が集まる全体会合(50)や、連邦及び州の担当者と運営主体が集まる会議（Bund-Länder-Klausurtagung）に出席し、連邦議会議員、管轄省庁の担当者、政治家らと対面し、意見を述べる機会を得る(51)。この参加者代表システムに加え、参加者が独自のプロジェクトを企画・実施することを望んだ場合には、受入先と運営主体は、その実現のため、時間や資金の確保、助言などにより最大限、支援することが求められる(52)。このように、参加者の主体性と自律を重視し、民主主義的な共同決定プロセスに参加する仕組みをもって、環境保護分野のボランティア制度は「参加者が自らの意見を民主主義的プロセスに反映させる政治教育(53)」と位置づけられている。

また、参加者・参加経験者による自主的な活動も活発である。たとえばシュレスヴィヒ・ホルシュタイン州には参加経験者のネットワーク構築のための団体があり(54)、ニーダーザクセン州にもワッデン海で活動していた参加経験者による類似の取り組みがある(55)。以下では、参加者の主導で設立・運営され、参加者の主体的な活動を支援することを目的とする非営利団体「アクティヴな環境保護分野のボランティア制度（FÖJ-AKTIV e.V.: AKTIV《アクティーフ》）」についてみていく。その活動からは、参加者自身が政治教育の担い手としての自己認識をもっていることが示される。

ＡＫＴＩＶは二〇〇五年、環境保護分野のボランティア制度の参加経験者により設立された非営利団体である。会員数は約一二〇名と小規模ではあるものの、そのほとんどが環境保護分野のボランティア制度の参加者・参加経験者であるところに特徴がある。正規の会員以外の参加者・参加経験者の自由な活動も認められている。ただし、年に一度選出され、その年の活動の中心メンバーとなる「理事会」に関しては、三〜五名の理事のうち最低一名は、環境保護分野のボランティア制度に現役で参加している者でなければならず、さらに少なくとも一名は、環境保護分野の青年ボランティア制度の現在の参加者または参加経験者でなければならない。主な目的として定款に掲げられているのは、㈠環境保護分野のボランティア制度の認知度と社会的地位の向上、㈡持続可能性の意識の向上と、環境と社会的責任に配慮した行動を社会に定着させること、㈢環境保護分野のボランティア制度の参加者との共同プロジェクトやイベントなどを実行、または支援することを通じて、環境保護活動と持続可能な開発のための教育に貢献すること、㈣待遇の改善など、現在および将来の参加者の利益のために尽力すること、である。(56) ㈢の項にあるように、実際の活動も、参加者・参加経験者が企画するプロジェクトへの支援を中心におこなわれている。その際、ＡＫＴＩＶ理事会や参加経験者によってノウハウの共有と助言がおこなわれるとともに、会費と寄付金、または公的な補助金を原資とする財政的支援がおこなわれる。

ボランティアによるボランティアのための自助グループという性格をもつＡＫＴＩＶにとって、参加者と参加経験者のネットワークは重要な活動基盤であり、前述の参加者代表システムとも緊密に連携している。たとえば年一回おこなわれるＡＫＴＩＶの会員総会（Mitgliederversammlung）は、通常、連邦参加者代表会議と同時に開催される。ＡＫＴＩＶの理事によれば、例年、初回の連邦参加者代表会議に限り、連邦家族省がＡＫＴＩＶの理事に対しても参加に係る費用を助成している。それ以外の活動に関する交通費や宿泊等は原則、会員の自己負担となるため、理事同士であっても対面で話せる機会はわずかであり、連邦参加者代表会議は、他の会員や現役の参加者と実際に会うことのできる貴重な機会だと言う(57)。従来、週一回の電話会議とメールなどのツールが活用されてきたため、コロナ禍においても理事会は滞りなく継続され、オンラインでの企画も活発におこなわれた(58)。定期的なイベントとしては、参加者代表が企画・運営する「連邦行動の日(Bundesaktionstag)」が毎年開催されている。内容は主に、環境保護をテーマとするデモやワークショップであり、全国各地で活動する参加者・参加経験者が集まる。ＡＫＴＩＶの理事や参加経験者はノウハウの共有や助言をおこない、省庁、政党、環境保護団体、地元企業などのスポンサー探しに尽力する。過去のテーマには、食品ロス、海洋プラスチックごみ、エネルギー問題などがあり、企画と資金援助が充実していれば、一〇〇名以上が集まる場合もあるという(59)。その他、前述のＢＵＮＤやＮＡＢＵなどの環境団体をはじめ、ヨーロッパ各国で活動する若者組織(60)とも連携しながら、アップサイクル、動物の福祉、欧州議会選挙に向けた選挙運動(61)などのプロジェクトも外部資金を獲得しておこなっている。

ＡＫＴＩＶの活動内容からは、その自由で柔軟な発想がみてとれる。たとえば、ボランティア参加者と参加経験者とのネットワークを構築するためのさまざまな試みがある。その一つは、メーリングリストの整備である。リストへの登録は会員以外も可能なため、二〇二〇年現在の登録者数は三〇〇名以上に及ぶ。すべての登録者は、環境保護やボランティア制度に関する活動、イベント、プロジェクト等の情報やデモ参加への呼びかけなどを自由に共有している(62)。メールによる情報共有は平均で一週間に二回以上の頻度でおこなわれている。また、会員限定の「民泊」に類似するシステムも構築されている。このシステムは、登録者のみが閲覧できるネットワーク上で、連絡先を相互に公開し、近隣でおこなわれるイベントやデモに参加する会員に無償で宿泊場所を提供するという取り組みである(63)。さらに二〇一一年には、運営資金を確保する試みとして、参加経験者が運営するオンライン・ショップが開設された(64)。そこでは、環境保護分野のボランティア制度のロゴをデザインした衣類やグッズが販売されており、参加者・参加経験者が企画や運営を担当している。

ただ、すべてのボランティア活動がそうであるように、参加者・参加経験者による主体的な活動にもさまざまな課題がある。AKTIVの理事によれば、まず、参加者代表と連携することによる弊害がある。参加者代表との連携は、AKTIVの活発な活動を維持するうえで必要不可欠であり、積極的に活動するメンバーの多くが、環境保護分野のボランティア制度の現在または過去の参加者代表を経験している。しかしそれは、裏を返せば、すべての参加者が同じように積極的に活動するわけではない、ということでもある。参加者代表は、約三〇名のセミナーグループから二名の代表を選ぶところに始まり、連邦レベルでは五名に絞られる。代表に選ばれるような、政治的関心が高く、政治教育の担い手を自認する参加者がいる一方で、そうではない参加者も多い。政治的関心が高い参加者が他の参加者にも良い影響を及ぼす、といった指摘はあるものの(65)、限界があるだろう。プロジェクトの企画・運営といった経験を得られるかどうかは本人次第であり、活動に対する動機や、経済的・時間的制約も、人によりさまざまである。参加者代表という、いわば「エリート」が集まるＡＫＴＩＶでさえ、これまでには理事会が機能せず、実質的に休眠状態だった時期もあるという。

また、環境保護分野のボランティア制度それ自体は、法律に定められ、公的な支援を受ける制度だが、ＡＫＴＩＶのように、制度から派生した参加者や参加経験者による活動は、あくまでも自主的・主体的な活動であり、それゆえ、安定した財源基盤もない。とりわけ活動に係る交通費は、理事や参加者代表以外の、いわば「普通」の参加者の活動を妨げていると認識されており、運営にかかわる団体などに対して支援を求める働きかけが継続されている。連邦や州から補助を受けるプロジェクトも企画・運営されているものの、それを継続することは難しく、また、公的な補助金はプロジェクトに対して期限付きで交付されるため、専任の職員を設置するような財政的余裕もない(66)。このようにＡＫＴＩＶは、財政的な脆弱性と、参加者代表や理事の自発性・主体性に依存する構造により、活動参加者への助言や支援に関しても年度ごとの差が大きく、安定した質を持続的に保障することが難しい、という課題を抱えている。

5　「物言うボランティア」を目指す教育の課題

ここまで、なぜドイツでは「物言う」活動とボランティアが結びつき得るのかについて、包括的概念の形成過程と、ボランティアの政治教育としての位置づけを中心に検討してきた。ボランティア制度の展開が示すように、学校外政治教育としての位置づけは、ボランティアの公的支援をめぐる政治社会的な理解を得るうえでも不可欠であった。しかし、政治教育としての意義が、所与のものだったわけではない。「参加者代表システム」をはじめ、ボランティアとして参加する若者が制度設計に関与する仕組み、その要望を構想に組み込んだ教育の実践、また、多様な歴史的背景をもつ環境団体らによる理論的基盤の提供が相互に作用したことで、批判的に考え行動する力を育む政治教育としての評価が確立されてきた。ＡＫＴＩＶの事例に示されるような、参加者・参加経験者が主体的に取り組む活動や政治的な運動の数々は、批判し、行動することで民主主義社会を構築しようとする学校外政治教育の一つの成果のようにも思われる。しかし、主体性と自律、批判性、対抗的な行動を特徴とする学校外政治教育にも多くの課題がある。本節では、ボランティア制度の教育における批判性と民主主義への貢献、という観点を中心に考察を試みる。

まず、ボランティア制度の教育における「批判性」は、政治や権力に対する批判や抵抗といった社会変革の意味合いをどの程度有しているのだろうか。長期の実践経験とセミナーでの省察を結びつけるボランティア制度は、批判的な政治教育であると主張されてきた。とりわけ環境保護分野のボランティア制度では、冷戦下の西ドイツにおける資本主義体制と西側社会への組み込みや、労働者層の統合という意味での福祉国家化とは異なる文脈から生じた、との自己認識が強い。しかし、ボランティア制度の教育において、こうした反権威主義的な批判性が必ずしも中心にあるわけではない。

たとえばシュテファニー・ボヌスらは、教育担当者の認識やセミナー構成の分析から、ボランティア制度における学びを三つの類型に分けて示した。一つ目は、現在の受入先および将来の雇用や職業訓練で役立つ専門的、職業的な知識や技能の習得である。この類型は、受入先の団体や労働市場を活性化し、同時に、参加者自身の「就労可能性」を向上させることを目的としている。二つ目に挙げられるのが、「社会的学習（soziales Lernen）」と呼ばれる、社会通念上適切な行動様式の獲得である。たとえば非暴力的に対立関係を克服する力、共感や寛容性などを身につけるということであり、多元的な社会における共生や円滑なコミュニケーションの基盤と考えられている。さらに三つ目が、批判性、解放性を特徴とする教育類型である。教育内容は参加者との自由な対話プロセスのなかで定められ、教育担当者は必要に応じて助言するものの、参加者の試行錯誤や省察の余地を確保する。それにより、自ら考え、自ら決定する能力の獲得を目的としている。セミナーでおこなわれる参加者の実験的な試みや、プロジェクトの企画と実現がこれにあたる。[67]

このように、批判性が明示されるのは三つ目の類型のみであり、その内容も、参加する若者が自ら考え、試す経験によって自己効力感を得ることに重きが置かれている。政治や権力への批判や抵抗そのものではなく、むしろその礎となる人間としての成長や成熟を目的としている。加えて、政策的にも、参加者のための教育実践の場でも、就職やキャリア形成に直接、結びつくような専門知識や技術の習得がより重視されるようになっている、との指摘もある。特に、欧州社会基金からも財政支援を受ける一部の連邦州ではその傾向が強く、環境保護分野のボランティア制度でも、環境にかかわる職業についての情報提供や、実践経験により、職業訓練や就職に向けた視野をひらくことが目指されている。[68] 無論、多くの参加者が義務教育修了後の一八歳〜二〇代であり、その後の進学や就職、職業訓練を念頭に置いていることを考えると、そうした学びは若者自身が求める内容でもある。しかし、進路決定プロセスの最中にいる若者に対し、そうした「役に立つ」知識や情報を提供することは、批判性、解放性を特徴とする教育類型とは必ずしも相容れず、若者の自己決定を妨げ、学ぶべき内容を押し付ける結果となることが懸念される。したがって、ボランティア制度における教育の「批判性」は、日々の活動やセミナーのなかで一貫して徹底されているものではなく、場合によっては職業的・社会的な学びと競合することもある、教育の一要素として、限定的に捉えることが適切である。

同様に、ボランティア制度が民主主義的な社会の構築に貢献しているのか、についても検討の余地がある。ボランティア制度は若者の政治的関心を呼び起こし、民主主義への理解を深め、政治参加を促していると主張されている。しかし、「社会的な経験」と「政治的な関心や行動」がいかに結びつくのかは明らかになっていない。連邦政府が二〇二〇年に発表した第一六回青少年報告書(Kinder- und Jugendbericht)でも、ボランティア制度が政治教育の一つとして扱われる一方、社会的学習と政治的な学びを区別したうえで、いかに社会的学習を政治教育の出発点として活用していくのか、といった議論が十分におこなわれていないことが課題に挙げられている。[69] 無論、社会的な経験が政治参加に結びつく場合はあるが、自動的にそうなるわけではない。しかし、ボランティア制度をはじめ、多くのボランティア活動が政治教育として推進されている。その現状を批判するアレクサンダー・ヴォーニヒは、ボランティアが批判的に省察する機会を提供すべき、と主張している[70]。具体的には、「なぜこの現場はボランティアを必要としているのか」「福祉サービスに責任をもつべきなのは誰か」「この仕事をする者が受け取る報酬として適切な金額はどのくらいか」といった問いをボランティアに投げかけ、政治的な原因や社会的な関係性について考えさせる手法を提案している[71]。

しかし、こうした省察や批判の機会を教育プログラムに組み込んでさえいれば、政治教育として推進することに問題がない、とは言い切れない。ボランティア制度では、「参加者代表システム」をはじめとする民主主義を経験的に学ぶ仕組みや、ボランティアによる主体的な活動の支援、デモへの参加を組み込んだ教育プログラムなどが実施されてきた。しかし、こうした教育プログラムは、経験が浅く自信がなかったり、受け身の姿勢でいる参加者にはハードルが高く、ついていくことが難しいと感じる場合がある。特に、移民・難民の背景をもつ参加者など、言語や文化の壁がある場合は、傍観、無関心、無力感につながる可能性が高い。ＡＫＴＩＶの理事も述べていたように、主体的な学びの機会を活かせるかどうかは、本人がもともともっている能力や興味関心に依存するところが大きく、その意味では、批判性に特徴づけられる教育構想は、均質的なエリート像を想定している。実際に、環境保護分野のボランティア制度に参加する若者の多くが、開始時点ですでに高い能力をもっており、参加前よりも能力は向上するものの、その差はさほど大きくない、との調査結果もある[72]。

ここまで検討してきたように、政治教育としてのボランティア制度は、構造面でも内容面でも多くの難題を抱えている。ただ、筆者がこれまで聞き取り調査を実施してきた団体の多くが、ボランティア参加者のことを「新鮮な空気」と表現し、硬直した組織や考え方に気づかせてくれる存在、と評していた。ボランティア制度には、都合のいい労働力の確保、といった批判も多いが、一年間で活動者が交代し、都度、新たなボランティアと関係を築くことは、受け入れる側にとっても簡単なことではない。それでも受け入れることの面白さは、率直な意見や批判といった「新鮮な空気」にあると言う。

もし、その言葉通りにボランティアが受け入れられ、経済的・社会的安定を保障する枠組みのもと、心理的安全性をもって自由に発言し、政治・社会や自らのあり方を批判する土壌が形成されているとすれば、政治教育としてのボランティア支援にも一定の意義があるのではないだろうか。

第 4 章

「承認の文化」に向けて
——社会的包摂か、格差の再生産か

1 「誰一人取り残されない」政策の理想と現実

これまでみてきたように、ドイツのボランティア制度は、健康保険・年金・労災保険といった各種社会保険、食事、住居、労働に必要な衣服、「小遣い」の保障と教育プログラムの提供を通じて、長期間、ボランティアとして活動することを公的に支援する政策である。連邦政府はこのボランティア制度について、若者を中心的な対象層としつつも、「参加したくてもできない」状況を生じさせうる障壁をできるだけ取り除き、支援の枠を可能な限り広く設定すべき、との方針を基本的に維持してきた。本章ではこうした「包摂政策」としてのボランティア支援政策の位置づけに着目して論を進める。はじめに「社会的包摂」の定義と連邦議会における演説をみてみよう。

「社会的包摂(social inclusion)」とは、「社会的排除(social exclusion)」の対抗概念として生じた。社会的排除とは「経済的、社会的、政治的、文化的生活に全く参加できない個人の状態、また、その状態に至るプロセス、およびその状態の継続」と定義づけられる。ここで「参加できない」状態とは、「所得、雇用、土地や家屋、教育・ヘルスケアなどのサービス」といった物質的リソースにアクセスできない状態だけではなく、「意見の主張、他者との交流、平等な権利の保護・尊重がなされない」ことを含む。社会的包摂は、年齢、性別、障害、人種、エスニシティ、宗教、移民・難民のステータス、社会経済的地位、居所、性的志向、ジェンダー・アイデンティティ等により、不利な立場(=社会的排除の状態）に置かれた人々に対し、機会の向上、物質的リソースへのアクセス、権利の保護・尊重を通じて社会参加を促すこと、を意味する。[(1)] 社会的排除は、所得や物的資源の乏しさといった「結果」に着目する「貧困」の概念と比べ、その状態に至る「過程」に着目した点に特徴がある。教育を受ける機会や就労する機会に加え、社会との交流に自由に参加し、関係性を構築する機会を保障することも、社会的排除を克服し、社会的包摂を実現するための要件とみなされる。これらの概念は一九九〇年代以降、欧州委員会のイニシアティヴのもとで、ドイツを含むＥＵ加盟諸国に拡がった。[(2)]

ドイツのボランティア支援政策を、この社会的包摂に寄与するものと位置づける認識は、わずかな例外を除いて超党派的に共有されている。一例として、本章で検討する二〇一九年の法改正をめぐるギファイ連邦家族省大臣（Franziska Giffey: SPD）の発言にも、その認識をみてとることができる。

たとえば小さい子どもをもつ若い女性、または父親が、是非ボランティアとして活動したいと思っていても、午後は子どもの世話があるなど、一日中、活動することは難しい場合がある。たとえばエリトリアから来た若い女性が統合コース（注：ドイツ語研修）に通っているけれども、その合間に老人ホームでボランティアとして活動したい場合がある。これらの事例では、パートタイムでなければ、活動することは考えられない。ほかにも、二〇代前半で視覚障害をもつ若い男性が、自宅から受入先までの移動に長い時間を要するが、ＢＵＮＤで環境保護分野のボランティア制度に参加したいなどの例が挙げられる。我々が支えたいのは、このような事例だ。我々は、こうした若い人々が、「フルタイムでは無理でもボランティアとして活動できる、パートタイムで活動する選択肢がある」と、実感できるようにしたい。(3)

この二〇一九年の法改正は、限定的にパートタイムでのボランティア制度への参加を認めることにより、フルタイムで参加できない人々にとっての参加障壁を取り除く「包摂」を目的としていた。連邦政府のボランティア支援政策において、参入障壁の軽減ないし撤廃、つまり、ボランティアとして参加する際のハードルを下げることは、主要なテーマである。ドイツでは一九九〇年代以降、東西統一後の財政危機を背景に、市民の多様な活動を促進することによって民主主義や社会的結束の強化を試み、現代社会が抱える多様な問題を解決しようとしてきた。一九九九年以降、五年ごとに実施されてきた連邦の「ボランティア調査」では、個人が抱えるさまざまな事情により、ボランティアに参加できない人々の存在が課題として挙げられ、その包摂が目指されてきた。(4) 二〇一九年に実施された「ボランティア調査」では、性別、年齢別、旧東ドイツ地域と旧西ドイツ地域間の参加率の差が縮小ないし解消されたことが報告されており、その一方、低学歴層と移民・難民の背景をもつ者の参加率の低さが課題として示されている。なお、この調査名の「ボランティア」は、直訳では「自発的参加(freiwilliges Engagement)」であり、「利益を目的とせず、自発的に、公共の場で、公益性をもっておこなわれる活動」を定義としている。ここで着目すべきは、この「自発的参加」が、二〇〇二年に連邦議会の調査委員会で定められた「市民参加(bürgerschaftliches Engagement)」(5) とほぼ同義とされていることである。[6] 重要なのは、「自発的参加」ないし「市民参加」が、単に奨励され、顕彰される対象ではなく、連邦や州などの公的機関が政治経済的に支援する対象として認識されてきた、という点である。連邦政府が推進する「自発的参加」ないし「市民参加」の範囲は広く、市民による自発的な活動（狭義の「ボランティア活動」）にとどまらず、政策提言や投票行動などの「政治参加」、さらにデモなどの抗議行動や代案の提示などの「社会運動」をも含むものと理解されている。この広範かつ複合的な概念理解を改めて踏まえたうえで、ここでは「ボランティア」の語に統一して議論を進める。

連邦政府のボランティア支援政策のなかでも、ボランティア制度による個人への経済的支援と社会的地位の保障は、ドイツの政策を特徴づけている。その前提には、ボランティア活動そのものと、参加者に提供する研修を、若者の学習能力の向上と生涯学習の促進に寄与する「教育」と位置づける政策的視座がある。制度的な基盤の確立により、ボランティアの教育的効果が検証され、可視化されてきた。結果、ボランティア制度に「参加したくてもできない」人々にとっての参加障壁を軽減することが政策課題として議論されるようになった。二〇一九年の法改正は、こうした議論の延長線上にある。[7] しかし、この法改正によってどの程度「包摂」が実現しているのかについては、慎重に検討を進める必要がある。

そもそも社会的包摂とボランティアの関係は複雑である。たとえば生涯教育や市民教育の文脈におけるボランティアは、教育を受ける機会や社会とのつながりを確保し、社会的包摂に貢献する活動と理解され、支援すべき対象とされる。しかしその一方、失業者などに対して就労や職業訓練、ボランティアを福祉給付の要件として促す「アクティベーション」と呼ばれる政策類型におけるボランティアは、労働市場へ参入するための踏み台であり、時に制裁を伴って課されることもある。そのため、福祉のために果たすべき国家の役割を縮小させ、スティグマ化や格差の再生産を促し、むしろ社会的排除を温存する、とも批判される。(8) こうした複雑な関係性も一因となって、社会的包摂の一環として展開されるボランティア支援政策の実像を把握することは困難をきわめる。

こうした限界を踏まえつつも、以下では、二〇一九年の法改正を中心に、ボランティア支援政策による社会的包摂とは具体的に何を指すのか、どのような方法によって実現が目指され、どの程度、社会的包摂に寄与していると言えるのかを考察する。まず、二〇一九年の法改正がなぜ提案されるに至ったのか、二〇一〇年代を中心にこれまでの議論を辿り、その背景を整理する。次に、法改正プロセスにおける連邦議会での議論を分析し、ボランティア支援による社会的包摂がきわめて多義的に解釈されている現状を示す。最後に、これらの分析を踏まえ、法改正が社会的包摂の実現に果たす役割について、今後の展望とともに考察する。

2　ボランティア制度をめぐる議論の展開

ボランティア制度はこれまで、義務教育修了後で二七歳未満の「若者」が参加する場合、フルタイムでの活動が原則とされてきた。二〇一九年の法改正は、育児・介護中の場合、障害や健康上の問題を抱えている場合、移民・難民の背景をもつ場合などに限り、若者にパートタイムでの参加を認めたものである。このように条件付きとはいえ、パートタイムでの参加を認める法改正が実現した背景には、長い議論の蓄積がある。本節では、先行する事例の存在、「不利な状況にある若者」の包摂をめぐる議論、ボランティアの「承認」を目指すロビー活動の展開、奉仕活動の義務づけに対抗する議論、の四点に分けて、なぜ二〇一九年の法改正が実現したのか、その要因を整理する。こうした議論の展開を踏まえたうえで、次節以降、この法改正が社会的包摂にどの程度寄与したのかを検討する。

先行事例としての連邦ボランティア制度

まず押さえておきたいのは、二七歳以上の参加者にはすでに、パートタイムでの活動が認められていたことである。一九六四年以来、二七歳未満の「若者」を対象におこなわれてきた「青年ボランティア制度」は、原則、フルタイムで実施されてきた[9]。しかし二〇一一年、新たに導入された「連邦ボランティア制度」では、若者だけではなく二七歳以上を含む全世代に参加が認められることとなり、同時に、二七歳以上の参加者には週二〇時間以上のパートタイムでの活動も認められることとなった[10]。この先行事例の存在が、二七歳未満の「若者」にもパートタイムでの参加を認める、という二〇一九年の法改正を推進した要因の一つである。

ここで、後述する議論との関係から、この新たな制度が導入された経緯と、その帰結としての就労支援との接近について、説明を加える。前章までにも繰り返し述べたように、「連邦ボランティア制度」が導入された背景には、二〇一一年の徴兵制停止がある。冷戦終結後のドイツでは徴兵制廃止についての議論が長く続けられてきたが、文民統制の要という理念上の役割に加え、軍事的兵役を拒否した若者が従事する民間役務（Zivildienst）の社会的な役割の大きさから、停止までに約二〇年を要した。二〇一〇年、緊縮財政の必要性が明白となり、国防予算が厳しく拘束されると、徴兵制を支えてきた超党派的コンセンサスが変化し、徴兵制停止がきわめて急速に決定された(11)。それに伴って導入されることとなった連邦ボランティア制度の目的は、民間役務の停止による福祉施設等への悪影響を最小限に抑えるところにあった(12)。すなわち、年齢制限を撤廃し、二七歳以上にパートタイムでの参加を認めた背景には、参加者数を確保する意図があったのである。

しかし、年齢制限の撤廃は、若者の進路決定に寄与する教育政策という、伝統的なボランティア制度の位置づけを揺るがすものでもあった。法律上、連邦ボランティア制度の目的は「生涯教育」であり、教育政策としての位置づけには変化がない。その一方、二〇一三年の調査が示すように、二七～六五歳の参加者のうち七三％が失業給付を受給しているなど、「不十分な就労の代替」として機能しているとの批判がある(13)。とりわけ失業率の高い旧東ドイツ地域でその傾向は顕著である(14)。ボランティア制度は従来、就労支援と区別することが重視されてきた。それは一つには、失業給付の受給要件として就労を「要請」する雇用政策と区別しなければ、「自発性」という制度の根幹が揺らぐためである。もう一つには、ナチ時代に奉仕活動が失業対策として用いられ、後に義務化されたという歴史を思い起こさせるがゆえに、政治社会的な忌避感が強いためである。こうした就労支援との区別は、法律でも「労働市場中立性」[15]として示されており、次節に詳述するように、政策的議論の方向性を規定している。このように、連邦ボランティア制度は、パートタイムでの参加を認める先行事例であると同時に、事実上は就労支援としても機能していることを示し、政策上の位置づけを揺るがすものでもあった。

「不利な状況にある若者」をめぐる議論

こうした「就労支援とボランティア支援の間にある隘路」[16]を揺れ動く、というボランティア制度が抱える課題は、二七歳未満の若者、特に、学歴上の問題や身体的・精神的な障害、または移民・難民の背景などを抱えた「不利な状況にある若者(benachteiligte junge Menschen)」をめぐっても示される。

このような若者をめぐる議論の蓄積が、法改正の第二の要因として挙げられる。

「青年ボランティア制度」は、若者の自立、進路決定、キャリア形成などに寄与する教育的効果が高く評価され、成功例とみなされてきた。公的支援の必要性が認められた結果、二〇〇〇年代初頭の参加者数は年間一万五〇〇〇名弱程度であったが、現在では二七歳未満だけで年間九万名以上の規模となっている[17]。しかし、その教育的効果が認められるのと同時に、参加者が高学歴の若者に偏っていることが批判されてきた。連邦政府は、一九九〇年代末にはこの課題を認識し、参入障壁を軽減するためにさまざまなモデルプログラムを実施してきたが、その成果は不十分なものであった[18]。二〇一五年に発表された評価報告書では、こうした経緯を踏まえ、二七歳未満の若者にも条件付きでパートタイムでの参加を認め、「不利な状況にある若者」の参加障壁を軽減すべきことが勧告された。[19]

さらに、同年に導入された「難民支援に関する連邦ボランティア制度の特別プログラム」も議論を後押しした。連邦政府は二〇一五年夏の難民申請者の急増を受けて、同年一〇月、連邦ボランティア制度関連法に第一八条を追加することを決定した。これにより、難民支援にかかわる分野で活動がおこなわれる場合、または、難民および難民申請者がボランティアとして活動する場合を対象に、合計一万名の参加枠が追加され、特別プログラムとして実施されることとなった。[20] 特別プログラムの目的は、難民のドイツ社会への統合(Integration)を支援することであり、難民および難民申請者がドイツ語の語学研修などの「統合コース」を受講しながらボランティアとしても活動することが想定された。[21][22] そのため例外的に、二七歳未満の参加者にもパートタイムでの参加が認められることとなった。[23] この第一八条自体は二年間の期限付き措置であり、二〇一八年一二月末付で削除されたが、二〇一九年の法改正プロセスでも頻繁に言及されている。

しかし、すでに社会的排除のリスクを抱えている「不利な状況にある若者」を対象とする場合にも、就労支援との区別、すなわち「労働市場中立性」をめぐるジレンマが問題となる。参加者が労働市場への参入を望んでいる場合、安定した継続雇用に直結しないボランティア制度はその要望を満たすことができない可能性がある。[24] また、難民がドイツに「統合」される要件としてボランティア制度が提示されるなど、[25] 特定の社会層に自発性や能動性を押し付ける議論と結びつけられることも懸念されている。

「承認の文化」を目指すロビー活動

二〇一九年法改正の第三の要因として、「承認の文化（Anerkennungskultur）」[26]の実現が主張されてきたことがある。「承認の文化」は、二〇〇二年の調査報告書でも、ボランティア支援の基盤として挙げられており、「ボランティアを持続的に尊重し、励まし、公的に可視化すること」と説明されている[27]。さらにそれを具現化する方策として、顕彰など象徴的意味をもつ非物質的形態の他に、公共交通機関や文化・スポーツ施設を利用する際の割引や無償化、必要経費、社会保険、「小遣い」の支払いといった貨幣（価値）的形態が示されている[28]。

ボランティア制度の運営にかかわる団体は、この「承認の文化」の実現について積極的に発信を続けてきた。運営にかかわる団体とは、民間福祉団体や環境保護団体など、目的も活動分野もさまざまな非営利団体であり、ボランティア制度の参加者とその受入先との調整や、監督などの運営全般を担っている。特に、福祉・介護、スポーツ、文化などの分野の運営にかかわる団体から成るワーキンググループ[29]は、継続的に声明を発表している。

二〇一五年には、このワーキンググループにより、ボランティア制度における「承認の文化」の実践例と、連邦政府が実現すべき内容を提示する声明が発表された。声明では、二〇一三年の連立合意書内に「承認の文化」について言及があるにもかかわらず政策に進展がないことが批判され、そのうえで、参加者が活動する受入先、運営にかかわる団体、州、自治体、連邦政府などが、いかに「承認の文化」を構築するべきかが提案されている。たとえば受入先については、会議やイベントへの参加などを含め、ボランティアを他の職員と同等にチームの一員として扱うこと、ボランティアによる独自プロジェクトを支援することなどが挙げられる(30)。連邦や州に対しては、より活発な広報活動に加えて、教育機関や企業との対話を深め、進学や職業訓練、就職に際し、ボランティア制度への参加が適切に評価されるよう働きかけることが要求されている。さらには、公共放送の受信料の免除、公共交通機関の割引ないし無償化、文化・スポーツ施設の使用料の減額などの内容も求められた(31)。

こうした「承認の文化」を要求する主張は、環境保護など多様な分野で運営にかかわる二〇以上の団体から賛同を得て、二〇一七年連邦議会選挙に向けた共同声明の中に組み込まれた。パートタイムでの参加を二七歳未満に認めることも、要求の一つとして明記されている(32)。「承認の文化」は、ボランティアそのものの価値を認め、政治社会的な承認を引き上げる議論として展開されており、その具体的方策は、すでにボランティアとして参加している人々の「承認」だけではなく、現在は参加できていない人々の経済的・時間的な障壁の軽減を視野に入れている。パートタイムの実現は、その一環として要求されたのである。

奉仕義務への対抗

第四の要因として、義務教育修了後の若者に対して一定期間、福祉・介護や災害支援のための奉仕活動を義務づける、という「奉仕義務(Pflichtdienst)」を求める流れに対抗する議論が挙げられる。奉仕義務については戦後たびたび主張されてきたが、ドイツの憲法に相当する基本法の改正を要するため、現実的とはみなされてこなかった。しかし二〇一八年八月、政権与党CDUの幹事長であったクランプカレンバウアー(Annegret Kramp-Karrenbauer)が、CDU新綱領に向けた議論のなかで奉仕義務について検討すると発言して以来、一部の議員を中心に活発な議論がなされるようになった。これに対しては、緑の党が決議案を提出したほか(33)、運営にかかわる団体も共同声明を発表するなどの反発が生じた(34)。CDUと大連立政権を組むSPDからも、連邦家族省大臣のギファイ(Franziska Giffey)を中心に、強い反対が表明された。二〇一八年一二月にギファイが提案した「新しい青年ボランティア制度の構想」では、パートタイムを実現すべきこと、承認の文化を実現することが明記されると同時に、「若者が自発的に活動するのはその信念に従うからであり、そうする義務があるからではない(35)」として、奉仕義務に対抗する姿勢が示されている。参加を望むすべての若者にその機会を提供すべき、という考え方は、ボランティア制度の教育的効果に基づくものだが、その一方、教育的効果は奉仕義務を主張する根拠としても用いられることに注意しなければならない(36)。後述するように、政策全体の方向性はボランティア制度の拡充にあるが、「不利な状況にある若者」の包摂をめぐる奉仕義務との対立軸は継続している。

3　二〇一九年法改正における「社会的包摂」

これまでみてきたように、二〇一九年の法改正の背景には、就労支援との境界をめぐる問題が指摘されつつも、パートタイムを認める先行事例が存在していたこと、「不利な状況にある若者」の包摂が必須の課題とされてきたこと、ボランティアの政治社会的な「承認」を目指すロビー活動、さらに、奉仕義務をめぐる議論への対抗などの複合的な要因がある。これらの議論は、法改正プロセスにおいてどのように展開されていったのだろうか。以下では連邦議会における議論を分析し、ボランティア支援政策における「社会的包摂」がきわめて多義的に解釈されていることを示していく。

二〇一九年法改正の骨子は、義務教育を修了した二七歳未満の「若者」が、連邦ボランティア制度または青年ボランティア制度に参加する場合、パートタイムでの活動を認めることにあった。ただし、すべての参加者に法的請求権が認められるわけではなく、以下の条件をすべて満たす場合に限られていたことに注意が必要である。

(一)育児、介護、障害など、フルタイムでは参加できない理由を証明できる。(37)
(二)受入先や運営にかかわる団体から了承を得ることができる。
(三)週二〇時間以上は活動する。

（四）フルタイムの場合と同じ時間数のセミナーに参加する。

これらの条件が示すように、法改正は、個人的な理由により「排除」されてきた若者の参入障壁を軽減し、包摂的な枠組みを整備する、[38]という連邦政府による法案理由書の意図に沿うものではあるが、非常に限定的な措置であった。この慎重な姿勢もまた、ボランティア制度を就労支援と区別する「労働市場中立性」と深く結びついている。ボランティア制度は、職業訓練や通常のボランティア活動など、他の就労形態や活動形態と区別され、独自の位置づけを与えられているが、他の形態との公平性を考慮することが常に要求されるのである。

就労・職業訓練との関係

ボランティア制度と、就労や職業訓練とのバランスが考慮されている例を挙げてみよう。すべての参加者にパートタイムでの活動が認められなかった理由は、職業訓練の場合もそれが当然の権利として認められているわけではないから、とされていた。[39]また、フルタイムでは参加できない理由を証明するための「正当な利益（berechtigtes Interesse）」についても、「職業訓練法の解釈に基づくべき」[40]として、育児、介護、障害と、それらに相当する重大な事由が列挙されていた。

このように職業訓練とのバランスを考慮することについては、左派党を除き、一定の理解が得られているが、「就労でも職業訓練でもない活動」を支援することの難しさもうかがえる。特に問題とされたのは、ボランティア制度の参加者が受け取る「小遣い」の扱いである。パートタイムの参加者が、フルタイムの場合と比較して優遇されてはならない、との理由でパートタイムの「小遣い」は減額することが定められた(41)。しかし「小遣い」の趣旨は、労働の対価としての「給与」ではなく、ボランティア活動の「承認」にある(42)。そのため左派党のヴェルナー(Katrin Werner)は、あたかも時給換算のような扱いが「労働市場中立性」に反するだけではなく、「不利な状況にある若者」にさらなる負担を強いるものであり、結果、多くの若者が排除されたままになる、と述べている。緑の党のクリストマン(Anna Christmann)も、一律に減額を定めるのではなく、運営にかかわる団体に裁量を残すべきと主張した(43)。

その一方、ボランティア制度には、医療や介護などのケア労働に従事する人材を確保する機能がある、という点も考慮する必要がある。このことは、連邦政府の「人口戦略(Demografiestrategie)」における位置づけとも関連している。人口戦略とは、急速な少子高齢化と人口減少に直面したドイツにおいて、これに伴う諸問題を解決するため、二〇一〇年代から策定されてきた総合的な政策目標である。本節との関係では、経済成長や財政健全化と並んで「社会的結束の促進」が目標に掲げられ、ボランティア支援政策がこの中に位置づけられている、という点が重要である(44)。二〇一九年の法案理由書でも、育児や介護といった家庭内の活動と、ボランティアなどの活動とを両立可能にし、また、介護や教育などのケア労働の領域に若者を獲得するという意味において、人口戦略が掲げる社会的結束に好影響をもたらす、と述べられている(45)。

無論、すでに触れたように、ボランティア制度の参加者による活動は、「労働市場中立性」に基づき、就労や職業訓練とは異なるものとされる。しかし実際のところ、雇用による「通常の業務」を引き受けないこと、新規の雇用を妨げないこと、参加者の指導にあたる人員が配置されること、といった「労働市場中立性」の要件が遵守されているかどうか、検証するのは非常に難しい。[46]また、ボランティア制度への参加後に、受入先や関連する活動領域で就職する、または職業訓練を開始することについては、若者が実際の活動を通じて自らの適性を評価する機会と捉えられており、[47]少なくともリクルート機能があることは否定されていない。このことから、ボランティア制度に参加する若者には、将来の採用も含め、広義の労働力として高齢化社会を支えていくことが期待されていると言えよう。

若者の教育政策としての意義

こうした政策的な期待も一因となり、ボランティア制度における若者は、主要な対象層と位置づけられ、優先的に支援されている。FDPが提出した決議案をめぐる議論でも、このことが改めて示された。FDPは、若者にパートタイムを認めること自体は評価したものの、すべての年代を対象としているはずのボランティア支援政策が高齢者を忘却している、と批判した。六五歳以上の年齢層は、連邦ボランティア制度のなかで最も参加者数が少ない。少子高齢化が進行する現代社会では、高齢者の孤立が社会問題となっていることから、彼らの参入障壁を軽減すべきことが主張された。具体的には、六五歳以上に限り、週二〇時間の最低活動時間数を撤廃し、活動期間を四週間まで短縮可能とし、回数の制限なく参加できるようにすること、などが提案された(48)。

この決議案に対しては、高齢者だけではなく他の年齢層との公平性を保つ必要があること、ただし、限られた財源を用いるにあたっては、ボランティア制度と結びつけられた若者の民主主義教育を優先するべき、との方針が示されている(CDU/CSU)。その他、高齢者はボランティア制度以外の形態でも活発に活動していること(SPD)、高齢者の孤立に取り組むのであれば他の政策領域で取り組むべきこと(緑の党・左派党)(49)、などの理由により、この法案は否決された。

しかし、教育政策としての位置づけは、柔軟な制度設計にとって、むしろ障壁となっている面もある。そもそもボランティア制度の「教育」には、単に若者の進路決定に寄与することにとどまらず、広範な期待が寄せられている。二〇一九年の法改正プロセスでも、若者が活動を通じて社会における自らの責任を自覚することによって社会的結束が促されること、若者の民主主義教育に貢献することが挙げられている。さらには国連が二〇三〇年までに達成をめざす持続可能な開発目標(Sustainable Development Goals: SDGs)の一つ「すべての人に包摂的かつ公正な質の高い教育を確保し生涯学習の機会を促進する」とも結びつけられている。

こうした教育政策としての位置づけが、ボランティア制度に対する特別な公的支援の理由であり、原則一年間フルタイムで活動し、年間二五日間の研修を受講しなければならない、という特殊な形態こそが、他の制度化されていないボランティア形態との「区別」を根拠づけてきた。二〇一九年の法改正で、パートタイムであっても活動時間を週二〇時間以上と定めたことの理由も、「他のボランティア形態と区別するため」と説明されている。[50] また、パートタイムであっても、セミナーはフルタイムと同じ時間数でおこなうと定めたことの理由には、「教育政策としての質の確保」が挙げられており、就労政策と区別する意図が示される。このように、ボランティア制度には、就労や職業訓練、他のボランティア形態などと区別しつつ公平性を考慮することが求められるため、より参加しやすく包摂的な制度を実現するには、さまざまな制約がある。

「承認の文化」との乖離

左派党のヴェルナーも指摘するように、二〇一九年の法改正は「あまりにも小さな一歩[51]」に過ぎない。パートタイムの参加者は、自らの「不利な状況」を書面で証明しなければならず、フルタイムと同じ時間数の研修を受講することを義務づけられ、減額された「小遣い」を受け取る。緑の党と左派党は、この結果が、運営にかかわる団体が目指してきた「承認の文化」の議論とも、ギファイ家族省大臣が提案した「新しい青年ボランティア制度の構想」ともかけ離れている、と批判した。左派党のヴェルナーは、「承認の文化」実現に向けて要求されてきた、文化・スポーツ施設や公共交通機関の割引などが実現していないと批判しており、緑の党のクリストマンも同様に、多様な背景をもつすべての人々が参加できるような制度にはなっておらず、ギファイの提案もそのほとんどが実現されずに残ったため、取り組むべき課題は多いと述べた。[52] なお緑の党は、前年度に提出した決議案と同様、参加希望者に対して参加枠が少なすぎることが根本的な問題であるとして、参加枠を増設すべきと強調している。[53]

これまでみてきたように、参加枠の増設や待遇の改善を連邦レベルで実現するには、他の就労や活動形態とのバランスをはじめ、財政面や連邦と州の権限の問題など、さまざまな制約がある。とはいえ、たとえば参加者に発行される身分証明書(Freiwilligenausweis)について、証明書それ自体にもともと付与されている機能ではないが、公共交通機関、文化・スポーツ施設、余暇施設、飲食店などからの善意による協力を得て、割引やクーポン券などを提供する試みが広がりをみせている。さらに州や地方自治体では、ボランティア制度の参加者だけではなく、ボランティア全般を対象とする身分証明書の発行などの独自な取り組みも進められている。[54] 連邦レベルの変化はこれまでも漸進的であったことから、将来的に、より踏み込んだ改革がおこなわれる可能性もあるだろう。

右翼ポピュリズム政党と奉仕義務

ボランティア制度は、二〇一七年に初めて連邦議会に議席を得た右翼ポピュリズム政党「ドイツのための選択肢(Alternative für Deutschland: AfD)」からの批判にも直面している。ＡｆＤは二〇一九年の法改正には賛成しているものの、ボランティア制度そのものに懐疑的である。ヘヒスト(Nicole Höchst)は、ボランティア制度において民主主義教育として実施される研修が「緑の党と左派党に支配された強制的な教育」であり、「極端な左翼思想」を押し付けている、と批判した。さらに、今回の法改正によっても、多くの若者が排除されている状況を変えることはできないのだから、徴兵制を再開し、母親以外の全員にその義務を課すことこそが包摂であり、民主主義であり、社会を結束させる、との持論を展開した。(55) こうした主張に対し、他の政党は否定または黙殺の姿勢を取ったため、法改正プロセス自体に影響を及ぼしてはいない。しかし、法改正の成果が限定的ということ自体は事実であり、改善がみられなければ、今後も批判の材料として用いられることが想定される。また、「極端な左翼思想」に偏った教育政策、との主張に賛同はみられなかったが、より「包摂的」な制度設計と義務化を結びつけることについては、与党ＣＤＵのパツェルト(Martin Patzelt)も発言している。パツェルトは、この法案によって参加できる対象層はあまりにも限られていると述べ、我々は自発性だけですべてを実現できるのだろうか、と自問した。そのうえで、男女ともに義務づけられ、多様な選択肢から活動内容を選ぶことのできる制度により、若者が社会における責任について「多少義務的に(ein bisschen verpflichtend)」学ぶべきだと提案している。その理由として第一に、過去に民間役務やボランティア制度に参加した若者がその経験を肯定的に振り返り、「社会についての理解を深めることができた」と述べていること、第二に、ＣＤＵの若者グループ(Junge Union)も奉仕義務に賛成していることが挙げられた。この発言には、ＣＤＵ／ＣＳＵとＡｆＤの議員から賛意が示されている。(56) このように、自発性だけでは実現できないことを義務化によって実現する、という考えには一定の支持があり、今後も注意深く観察する必要がある。

それでは、法改正をめぐるここまでの議論を整理しつつ、ボランティア制度の文脈における社会的包摂が、具体的にどのように理解されているのかを示していく。まず、法案理由書における「包摂」は、フルタイムでは参加できない人々が参加しやすくするための法的枠組みの整備であり、その範囲は、就労や職業訓練、他のボランティア形態との公平性を損なわない程度に限定されている（CDU／CSU、SPD）[57]。教育政策であると同時に、人材を確保する機能が期待されているため、高齢者の参入障壁を軽減するという意味での「包摂」（FDP）は、優先されていない[58]。ギファイ家族相（SPD）の提案では、ボランティアの尊重と承認を確保する抜本的な制度改革という意味での「包摂」が目指されていたが[59]、法改正はそのごく一部を実現したに過ぎない。参加を希望する人すべてに参加枠がいきわたるようにこれを増設するという「包摂」（緑の党）[60]も道半ばである。また、就労や職業訓練などの他の枠組みとは別に、独自の待遇改善を進めるという「包摂」（左派党）[61]も、連邦レベルで短期的に実現することは難しい。

このように「不利な状況にある若者」の参入が実現していないという理由から、一律に義務化することこそが、すべての社会層を「包摂」し、社会的結束につながる、との理解も散見される（AfD、CDUの一部議員）。なお少数ではあるが、ボランティア制度における教育が、反極右主義、反過激主義、反人種差別主義といった民主主義教育に沿う形でおこなわれていることに対し、さまざまな政治的立場から中立的な教育をおこなうことこそが「包摂」である、との見解もある（AfD）[62]。

4　法改正後の課題――ボランティア支援は社会的包摂に寄与するか

ボランティア支援政策における社会的包摂の理解は多義的であり、政党間でも、場合によっては政党の内部でも一致していない。ただ細かな差異はあるものの、ボランティア個人に対する経済的支援と社会的地位の保障、という政策の方向性は継続している。なかでも、ボランティアの尊重と承認を政治社会的に示すための「承認の文化」を求める議論は、参加者の「承認」だけではなく、参加障壁を軽減するという意味でも、ボランティア支援による社会的包摂の実現と深く関係している。「承認の文化」は、非物質的な態度や顕彰だけではなく、物質的価値も求める。ボランティア制度はすでに、生活費、社会保険に加え、「小遣い」などの物質的価値を整備しているが、公的支援を根拠づける「教育政策」としての位置づけを理由に、長期間のフルタイムでの活動と研修の受講が前提とされてきた。法改正は、この前提を柔軟化することで、「不利な状況にある若者」が参入しやすくなることを目的としていたが、その効果は限定的である。法改正から一年後、運営にかかわる団体がおこなった報告でも、パートタイムでの参加を可能としたこと自体は評価されているが、さまざまな改善点が示された。たとえば、よりきめ細かい教育的支援と相談の機会を確保するために教育担当者の増員が必要であること、研修の際に手話通訳を手配するといった実質的な支援が必要となる場合でも、そのための財源確保が現場任せとされていることなどが挙げられている(63)。

それでは、「承認の文化」のために要求されてきた、さらなる待遇の改善、たとえば進学や就職の際の優遇、公共放送の受信料の免除、公共交通機関の割引ないし無償化、文化・スポーツ施設の使用料の減額などが実現された場合に、「不利な状況にある若者」の包摂は実現するのだろうか。法改正をめぐる議論から推察すると、財源を必要とするような参加者の待遇改善は、公的支援の根拠たる教育政策としての意義を強化することにつながり、その結果、活動時間や研修の短縮といった、制度の柔軟化と両立しない可能性がある。すなわち、待遇の改善と制度の柔軟化は、いずれも望まれているにもかかわらず、いわば逆のベクトルに置かれている。それは法的枠組みだけではなく、運営にかかわる団体にとっての課題でもある。参加する側にとっては、年間を通じていつでも参加することができ、パートタイムも自由に選択できる方が参入しやすいが、参加者を受け入れ、研修を企画し、実施する運営側にとって、個々の事情に応じて多様な研修をおこなうためには、より多くの準備や教育担当者が必要であり、特に小規模な団体が運営を担う場合、困難を伴う(64)。規模、目的、財政状況などが異なる多様な団体がかかわる制度だけに、各団体の状況と、参加を希望する若者の事情の双方に配慮しつつ、包摂的に制度を展開するには、連邦法の枠組みの変更だけでは限界がある。

ただし、こうした限界があるにせよ、ボランティアの「承認の文化」を求める活動自体に、ボランティア個人の意識と、政治社会的な認識の双方を変化させていく可能性はある。なぜなら、ボランティア制度そのものが、いまや巨大なロビー団体としての機能をもっているためである。ボランティア制度に参加する人は年間一〇万人程度だが、参加者の中から選出される参加者代表は、活動期間を通じて、その利益代表のために活動する。参加経験者による組織も構築されており、彼らは参加者代表と連携しつつ、待遇改善を目指して活動を続けている[65]。また、学術的立場から意見を表明する参加経験者の層も厚い。運営にかかわる団体には、大規模なロビー団体も多く、さらにその傘下には、参加者を受け入れる無数の団体や施設がある。こうした量的な面だけではなく、政策の動向が常に注視され、定期的に声明が発表されているという質的な面から考えても、ボランティア制度は、一大ロビー団体と捉えることが適切である。その構成は多様で全体像の把握は難しいが、それらが一体となって行動する場合の影響力は大きい。そのことは、二〇二一年連邦議会選挙のための政策綱領で、主要政党がボランティア制度に言及していることからも言えるだろう[66]。

ボランティア制度による社会的包摂には限界があるが、その一方、就労支援としてボランティアを位置づけ、労働市場への統合を目的に据えたとしても、問題が解決するわけではない。ボランティア制度は将来の安定した雇用を約束するわけではなく、期間限定で生活を保障するにとどまる。しかし、就労支援に対しては、就業率の向上が貧困と社会的排除の克服に結びついておらず、失業による貧困を就労貧困に置き換えるだけ、との批判が寄せられていることから考えて[67]、たとえその後の就労を保障したとしても課題は残る。ボランティアそのものに価値を認め、承認するという主張は、理想主義的ではあるものの、こうした文脈からみると、労働市場内の格差構造に対し、労働市場の外から対案を示す、という意義も見出すことができるだろう。

このように、「承認の文化」を目指す活動は、政治社会的に影響を与え続け、また、ボランティア個人に対しても、活動の意義と社会的な立場を自覚し、再考する契機を提供し続けている。しかし、その活動の中心にいるのは、すでにボランティア制度に参加し、運営に深く関係している人々である。参加しない、参加できない人々の声が反映されないまま議論が進められているという点が、ボランティア支援政策による社会的包摂の最大の課題と言えるだろう。

第5章

なぜ義務化が支持されるのか
——揺れるボランティア制度

1　繰り返される「義務化」の議論

二〇二〇年、新型コロナウイルス感染症の拡大という前例のない事態は、ボランティア制度にもさまざまな影響を及ぼした。対面での活動が制限されるなかで、ボランティアが活躍してきた多くの施設が休館・閉館を余儀なくされ、ボランティアの受け入れも中止・延期せざるを得ない状況が続いた。ボランティア制度を教育政策と位置づける上で不可欠とされてきた研修も、中止・延期またはオンラインでの開催に変更となり、政治参加や社会運動を実践的に学ぶ場として重視されてきた若者による主体的な活動、なかでも対面での集会やデモなどの抗議行動は厳しく制限された。無論、ソーシャルメディアを活用したオンライン・デモの実施や、近隣住民同士の助け合いも報告され、ボランティア、政治参加、社会運動がすべて消し去られたわけではなかった。参加を希望するボランティアには代替的な受入先の紹介といった対策も実施され、連邦政府も、ボランティアが活躍する場としての非営利団体を可能な限り支援する方針を打ち出した。ここで着目したいのは、コロナ禍において社会的連帯が強調されるなかで、民主主義の基盤としての批判性を育むための学校外教育、というボランティア制度をめぐる政治的・社会的合意に揺らぎが観察されたことである。

ボランティア制度は、連邦政府の「参加政策」において中心的役割を担ってきた。参加者は、食事、住居、作業着、小遣い、社会保険、研修が保障された状態で原則一年間、活動を継続することができる。参加者数は年間一〇万人に及び、活動領域も、福祉・介護、環境保護・環境教育、児童・青年教育、スポーツ、芸術、記念碑保護、災害支援など広範に及ぶ。その前提にあるのが、ボランティア活動そのものと、参加者に提供する研修を、若者の学習能力の向上と生涯学習の促進に寄与する学校外教育として位置づける政策的視座である。その一方、第二章で詳述したように、ドイツでは一九六〇年代から徴兵制とその代替民間役務(Zivildienst)が存続し、民間役務の従事者に福祉、環境保護、災害支援などのための奉仕活動が義務づけられていた。二〇一一年、連邦議会において、安全保障政策上の必要性、防衛公平、財政負担などに基づく超党派的な合意を得て、徴兵制と民間役務の停止が決定された。これにより連邦軍は職業軍人と志願兵から構成される組織となり、同時に、民間役務が担ってきた社会的役割は、連邦が管轄するボランティア制度を新たに導入することで補完されることとなった。

その後、難民危機や右翼ポピュリズムの台頭といった政治と社会の変化を背景に、徴兵制や民間役務を再開すべきとの議論はたびたびおこなわれてきた。半世紀にわたり並存してきたボランティア制度と民間役務のうち、民間役務だけが抜け落ちたことで、自発性と義務の微妙なバランスに変化が生じたと言えよう。したがって、徴兵制と民間役務の再開や、奉仕活動の義務づけをめぐる主張自体は新しいものではなく、コロナ禍以前からおこなわれていた。しかしコロナ禍においては、法的なハードルの高さにもかかわらず、社会的連帯をキーワードにそれらの主張が幅広く容認され、公然と議論されている点に特徴がみられた。本章では政治文化の変容という外的要因と、ボランティア制度そのものが抱える内的要因、それぞれの視点から分析をおこない、なぜ、「参加を強制しない」という自発性の合意を揺るがす議論が生じたのかを検討する。

2 ボランティアは誰のものか――リベラルな価値と制度設計

戦後ドイツにおいて、基本的人権、自由、平等、民主主義といったリベラルな価値規範が共有されてきたことは、ボランティア制度の安定的な発展にとって不可欠な要件である。ボランティア制度の直訳は、「自発的な（freiwillig）」と「奉仕（Dienst）」を組み合わせた「自発的奉仕（Freiwilligendienst）」であるが、歴史学者からは、この「奉仕」概念が変化してきたことが指摘されている。クリューガーによれば、戦後、とりわけボランティア制度の法制化が実現した一九六〇年代以降は、国家に対する個人の義務としての「奉仕」の意味合いが薄れ、個人にとって教育的意義があり、自発的であることに重点が置かれてきた。その背景には、「国家は国民に『共同体のための教育』を施す権利を有する」[1]として奉仕活動を義務化したナチ時代の反省があり、基本的人権や自由といった価値を体現するドイツ基本法（憲法に相当）の存在がある。さらに一九九〇年代以降は福祉縮減の目的と結びつけられたこともあり、ボランティア制度の公的な支援をめぐって党派を超えた政治的合意が形成されてきた。こうしたリベラルな価値の共有と既成政党の合意があるからこそ、自発性を基盤とし、社会の多様性に配慮した制度設計、さらには政治参加や社会運動をも支援する学校外教育としての安定的な発展が可能となったのである。

ここで、この「学校外教育としてのボランティア」という位置づけについて、ボランティアはそもそも誰のものか、誰のためのボランティアなのか、という問いに答える形で整理を試みる。まず、ボランティアの定義として自発性、非営利性、公共性が挙げられるように、ボランティアとは公共性（社会性・公益性）を有する社会貢献活動であり、その支援を必要とする人々のためのものである。一方、戦後ドイツで発展してきたのは、ボランティアは社会のためのものであるが、同時に、それを実践するボランティア自身のものでもある、という考え方である。ボランティアは、その活動を通してさまざまな政治的、社会的能力を獲得する機会を得る。したがって、ボランティア制度は学校外教育の一環であり、その参加者には、職業訓練を受ける者と同程度の社会保障と安定した社会的地位を得る権利がある、との論理が、公的支援の根拠とされてきた。こうした経緯からみると、奉仕活動の義務化をめぐる議論は、自発性というボランティアの根幹にかかわる権利を軽視するものである。しかしその要因として、右翼ポピュリズムの台頭や、リベラルな価値規範の動揺のみを要因に挙げることは早計であり、さまざまな要因を検討する必要がある。

すでに多くの研究で指摘されてきたように、世界各国でポピュリズム(2)の伸長と既成政党の弱体化が進み、戦後世界で発展した既成秩序に動揺がみられる。政治学者の水島治郎は、その動揺を「デモクラシー」と「インターナショナリズム」への挑戦、と整理した。「デモクラシー」への挑戦とは、「リベラルなエリート支配」が「人民の意思」に反しているとの発想から、既成政党への不満、代表制民主主義への不信が示されるとともに、エリート支配に資するリベラルな価値そのものも批判される状況である。また、「インターナショナリズム」への挑戦とは、自由貿易体制を批判し、自国民優先を掲げて国際協調の枠組みから距離を置く動きである。(3) 二つの世界大戦とナチ時代の人種差別主義政策を経験したヨーロッパ諸国において、自由・人権・民主主義の価値と、超国家的枠組みにより国家の暴走を抑止することへの合意は安定していたはずであった。しかし二〇〇〇年代以降のテロの頻発、移民・難民の急増、二〇〇九年のギリシャ財政危機に端を発するユーロ危機、二〇一五年の難民危機をめぐるEU諸国間の対立を経て、排外主義や人種差別的主張を掲げる右翼ポピュリズムが台頭しつつある。ドイツでも、二〇一五年の難民危機を一つの契機として、右翼ポピュリズム政党ＡｆＤが存在感を増した。ＡｆＤは反移民・難民、反イスラム、反ＥＵといった排外主義を掲げ、既存政党による政治に不満をもつ人々の支持を得て、二〇一七年の連邦議会選挙で一二・六％の得票率をもって国政に進出した。

ただし、排外主義や人種主義的な主張が散見される一方で、それに対抗し、反発する動きも高まっており、リベラルな価値規範が力を失ったわけではない。(4) ＡｆＤの台頭はドイツ全体としての「右傾化」というよりも、リベラルと反リベラルが対立する「分極化」の表れと理解するべきであり、社会の分裂、分極化を生じさせた主流派のリベラル政治に反省を迫るものである、との分析もある。(5) ボランティア制度をめぐっても、リベラルな価値規範の動揺がこれまでの政治的・社会的合意に影響を及ぼす可能性はあり、奉仕活動の義務づけといった議論の背景として軽視すべきではない。しかし全体としてみれば、既存政党の合意は継続しており、制度そのものを変化させるには至っていない。重要なのはむしろ、ボランティア制度そのものが抱える課題が内的要因となって議論を喚起している、という視点であり、さまざまな要因が複雑に絡み合って現在の議論がある、という認識である。

以下ではまず、徴兵制再開、「奉仕義務(Pflichtdienst)」(6)、連邦軍におけるボランティア制度の試行、の三つに分けてそれぞれの論点を整理する。そのうえで、なぜ奉仕活動を義務づけるという主張が一定の支持を得ているのか、その要因について分析し、さらに、それらの主張が学校外教育としてのボランティアに及ぼす影響と展望について考察する。

3　コロナ禍における議論――奉仕義務をめぐって

前述のように、男性に兵役が義務づけられてきたドイツにおいて、奉仕活動を義務づけるべき、という議論そのものは新しいものではなく、戦後もたびたびおこなわれてきた。ただ昨今の状況は、政党にかかわらず広く議論されており、一定の支持を得ているところに特徴がある。

徴兵制再開

まず、徴兵制再開と奉仕義務は多くの場合、区別して議論されており、連邦軍の兵士を徴兵制再開によって確保する、という主張はほぼ支持されていない。例外として、ＡｆＤは二〇一七年の選挙公約でも徴兵制再開を主張しており、[7] 二〇二〇年一一月には「名誉の奉仕(Ehrendienst)[8]」としての徴兵制を再開すべきとの決議案も提出したが、ほかの政党はほぼこれを黙殺し、あるいは反対を明言した。それは、ナチを想起させるような文言のためだけではなく、二〇一一年以前の徴兵制に「戻す」必要がないという共通認識のためである。専門的な知識と技術を必要とする現代の軍隊において、徴兵制により人員を確保しても、人的、財政的なコストに見合うだけの防衛政策上の効果が見込めない、という認識は党派を超えて共有されている。[9]

なお二〇二〇年七月には、メルケル政権の連立パートナーであるSPD所属の軍監察委員(Wehrbeauftragter)[10]、ヘグル(Eva Högl)が「徴兵制停止は甚大な誤りであった」[11]とメディアで発言したが、その意図は、連邦軍における極右急進的思想を抑制するところにあった。その際もAfDを除く他の政党は賛同せず、SPD内からも反対が表明されたことから、「昔ながらの」徴兵制を復活させる可能性は低い。

奉仕義務をめぐる議論

その一方、「奉仕義務」については、政権与党のCDU/CSUを中心に議論が活発である。その趣旨は、義務教育修了後の若者に対し、男女を問わず一定期間、福祉・介護や災害支援のための奉仕活動を義務づける、というものである。このテーマは戦後、若者の失業問題や東西の格差などを契機にたびたび主張されてきたが、二〇一一年までは民間役務が存続していたため現実的ではなく、徴兵制停止後も、話題作りと認識されることが多かった。それは、導入に際する法的なハードルがきわめて高いためである。第一に、ナチ時代の反省に基づき、ドイツの憲法に相当する基本法第一二条一項で職業の自由、同二項で強制労働の禁止が定められている。したがって奉仕義務を導入するためには、連邦議会と連邦参議院からそれぞれ三分の二以上の賛成を得て基本法を改正しなければならない。第二に、国際法との整合性も必要である。奉仕義務の法的課題を分析した報告書では、関連する国際法として、ＥＵ法、欧州人権条約、市民的及び政治的権利に関する国際規約、国際労働基準が列挙されている。[12]

ただ二〇一八年八月、ＣＤＵ幹事長であったクランプカレンバウアーが「二〇二〇年末に採択予定の新綱領に向けて奉仕義務について議論する」[13]と発言して以来、やや現実味をもって扱われるようになった。その発言の理由は、全国でおこなった党員との対話のなかで、(一)分断社会への不安と危機感がある、(二)国民の権利と義務の関係がアンバランスである、との意見が多く聞かれたためと説明されている。同年一二月の党大会で決議された「ＣＤＵ新綱領に向けた一二の主要な問い」にも「我々は自由と責任をどのように結びつけるか」「どうすれば社会のための奉仕を通じて公共心を強化できるか」が記され、広く議論すべきとの姿勢が示された。[14]

しかしこの提案は党内外で懐疑的に受け止められ、[15]ＣＤＵ／ＣＳＵ内でも足並みは揃わなかった。たとえばＣＤＵ副党首のラシェット(Armin Laschet)とブフィエ(Volker Bouffier)は、法的なハードルの高さから考えて非現実的との見方を示した。[16]ＣＤＵの姉妹政党として政権を支えるＣＳＵ副幹事長のハーン（Florian Hahn）も、労働市場で不足しているのは専門家であることや、膨大な導入コストなどを挙げ、必要性を否定した(17)。緑の党は二〇一八年九月に決議案を提出し、自発的な活動こそが市民社会と民主主義を支える要であり、ボランティア制度の教育の質を向上させ、参加の障壁を下げるための制度改革を進めるべきと強調した(18)。運営にかかわる福祉団体や環境保護団体、教会団体なども共同声明を発表し、「（奉仕義務は）基本的人権と自由に反するだけでなく世代間の公平を損なうものであり、教育・医療・介護分野の問題も解決しない」、したがって「ボランティア制度への政治的、財政的支援を強化すべき」ことを強調した(19)。こうした問題意識は他の政党とも共有され、二〇一九年五月には、パートタイムでボランティア制度に参加することを認める法改正として結実した（第四章に詳述）。

CDU新綱領をめぐっておこなわれた議論はあくまでも党内部にとどまり、奉仕義務の法的なハードルは高いままであったが、コロナ禍という非常事態において、奉仕義務を主張すること自体のハードルが低下する傾向がみられた。たとえば、先のラシェットが州首相を務めるノルトライン・ヴェストファーレン州では二〇二〇年三月二八日、「州政府が独自の緊急事態を宣言した場合、州は、救急隊員、医療および介護の職業訓練を受けた者に対し、感染症対応を義務づけることができる」(20)との文言を含む感染症法案が州政府により提出された。しかし州議会では、「コロナ禍は深刻な健康上の危機だが、民主主義の危機ではなく、議院内閣制の危機でもない」「自らの意思で医療や介護に従事する職員やボランティアをも脅かす法案だ」(21)といった強い批判が相次いだ。専門家からも基本法に反する疑いが指摘され、結果的に該当する文言は削除された(22)。

他にも、ＣＤＵの連邦議会議員ハーゼ（Christian Haase）は、「一般的奉仕義務の導入について語る時がきた。福祉団体や社会団体等は、いま支援を必要としている」と発言している。[23] 連邦議会の健康委員会で委員長を務めるＣＤＵのリュデル（Erwin Rüddel）も、「若者に福祉や介護の分野における奉仕義務を課すことは、実践を通じた進路決定の機会、社会的・対人的スキルを獲得する機会、社会の結束や連帯を実体験として学ぶ機会、といった民間役務の停止により失われた機会を提供することだ。これは、個人の連帯に依存する社会国家ドイツの将来にとってきわめて重要だ」との内容を新聞に寄稿している。[24] これに対し、ＳＰＤ、緑の党、左派党からは多くの場合、反対意見が表明されているが、ＳＰＤ共同党首のエスケン（Saskia Esken）は、ボランティア制度への応募者全員に提供できるだけの参加枠が確保されておらず、参加したくてもできない若者が数多くいることを挙げ、こうした現状が解決されるならば、という条件付きの表現で「奉仕義務について議論する準備はある」と発言した。[25]

さらに、これまでボランティアを受け入れてきた福祉団体や環境保護団体の多くは反対の立場をとっているものの、必ずしも奉仕義務を否定しない立場もある。たとえばドイツ赤十字は、「わが国における参加の促進に関するすべての議論を歓迎するし、奉仕義務を含め、すべての新たな試みについて議論する準備がある。コロナ禍は、自発的な参加、公共心、社会的連帯がいかに重要かを明示したのであり、我々は、この文脈の中に奉仕義務についての議論を位置づけている」と表明した。[26] また、非宗派のパリテート福祉連盟は、義務教育修了後の若者に課す奉仕義務には明確に反対しているものの、義務教育の枠組みの中で「学童に社会福祉分野や環境保護分野の活動を義務的に体験させること」には共感を示しており、学童が早い段階で社会的課題への認識を深めることにより、基本法に反することなく「社会の結束」に役立つとして、より具体的な議論を進めようとしている。(27)

連邦軍の「ボランティア制度」?

奉仕義務をめぐる議論が活発におこなわれていた二〇二〇年七月二三日、前年に国防相となったクランプカレンバウアーは徴兵制を再開しないと明言し、通称「連邦軍のボランティア制度」として、モデル計画「祖国防衛のための志願兵(Freiwilliger Wehrdienst im Heimatschutz)」を開始すると発表した。「ドイツのための君の一年」をスローガンとするこの計画は、一〇〇〇名の参加を想定し、二〇二一年四月に開始された。参加者は三か月の軍事訓練を含む計七か月の訓練後、国内の自然災害や事故、「コロナ禍のような危機的状況」のため、六年間のうち計五か月、予備役として任務に就く。(28)活動内容と正式名称から明らかであるように、これは志願兵制の一種でありボランティア制度とは関係がない。海外での任務がなく地域密着型の活動が中心となる点で従来の志願兵と異なるものの、給料の月額(約一四〇〇ユーロ)は同じである。参加者は軍人法第一条一項の意味における「兵士」(29)であり、兵士と同様の権利を有し義務を負うのである。(30)したがって、法律上もボランティア制度ではない。それにもかかわらず、連邦軍の広報やメディア報道では「新しいボランティア制度」との記述が頻繁にみられる。それは一つには、医療や介護の現場を救うために奉仕義務を導入すべきという主張と、連邦軍の右傾化を抑制すべきという主張が相互に結びつけられながら展開したためである。

すでに述べたように、二〇二〇年七月にＳＰＤのヘグルが徴兵制停止を「誤り」と発言した背景には、連邦軍における人種差別的思想や極右化への問題意識があった。この問題への対応策には、大別すると二つの考え方があり、その一つ目は、政治教育の強化である。政治教育では「政治的中立」を保つべきとされていることから、とりわけＡｆＤの台頭以降、人種差別的と受け取れる表現が現実の政治でも散見されるようになり、政治教育の現場に混乱が生じた[31]。ドイツ人権研究所のクレーマー(Hendrik Cremer)は、こうした萎縮傾向に対し「基本的人権や自由民主主義的な価値観に反する政治的思想は政治的中立の範疇外」にあり、「批判し、否定して構わないし、むしろそうしなければならない」と述べている[32]。

図８ 「連邦軍のボランティア制度」について説明する国防相(2020 年)[vii]

他方、二つ目の考え方が、徴兵制による文民統制の強化である。兵役適齢にある全員が防衛を担うことで連邦軍に「ふつうの市民」の良心を残し、社会からの孤立を防ぐとともに、社会との連帯を強化することができる、との考え方は根強く残っている。防衛上の必要性がない限り徴兵制の再開は難しいが、こうした社会に根差した連邦軍という考え方は、奉仕義務の主張とも結びつく。たとえばブランデンブルク州ＣＤＵ代表シュテュプゲン(Michael Stübgen)は、「徴兵制は安全保障政策上の必要性が生じた場合にのみ再開可能だが、現在、その必要性は見受けられない」としたうえで、「コロナ禍は従来とは全く異なる安全上、生存上の危機」であることから社会が連帯して取り組むべきであり、したがって奉仕義務にも正当性がある、との主張を展開した[33]。このように一見、無関係にみえるボランティア制度と徴兵制、奉仕義務は、いずれも社会の結束や連帯を志向しているため、結びつけられる場合がある。

無論、志願兵とボランティア制度を結びつけたことへの反発も強い。カトリック系福祉団体のドイツカリタス連盟で会長を務めるネーアー(Peter Neher)は、「社会的連帯に貢献するという意味では、すでにボランティア制度が提供されている」ことを忘れてはならない、と強調し、「武器をもつ活動を追加することに果たして意味があるのか、少なくとも批判的に問いかけたい」と述べた[34]。労働者福祉事業団代表のシュタトラー(Wolfgang Stadler)も、「ボランティア制度」の語は市民社会の文脈に限って用いられるべきであると述べ、連邦軍の文脈で用いられることを拒否した[35]。また、パリテート福祉連盟代表のシュナイダー(Ulrich Schneider)は、広報予算や待遇が「きわめて不公平」であると指摘した。ボランティア制度の参加者への「小遣い」は月額数百ユーロに過ぎず、連邦軍のように公共交通機関の無料券も支給されていないことなどを挙げ、「ボランティア制度の参加者による活動への敬意はどこにあるのか」と批判した[36]。平和団体や人権団体は、連邦軍の制度が「ボランティア制度」と関係がないにもかかわらず、その人気にあやかろうとする悪質な「おとり広告」であると糾弾し、特に、実質的には軍事訓練の期間が長いこと、未成年(一七歳)も応募できることに懸念を表明した[37]。その他、「祖国防衛」や「ドイツのための君の一年」といったスローガンが極右主義を連想させることから、連邦軍の右傾化を防ぐという観点からも逆効果、との指摘もある[38]。

しかしこうした批判があるにせよ、あくまでも自発性を前提とする志願兵制であり、基本法上の懸念はない。任務の特殊性と規模から考えて、ボランティア制度と競合することも考えにくい。さらに、募集開始後に問い合わせが相次いでいると報じられており、国民の関心も高い[39]。モデル計画の後に継続、拡大される可能性は十分にあると言えよう。

4 「義務化」支持者の論理——政治的合意の継続と変容

ここまで、奉仕義務をめぐる昨今の議論を概観してきた。二〇二〇年末に予定されていたCDU新綱領の採択はコロナ禍の影響を受けて延期されたが、二〇二二年二月のロシアによるウクライナ侵攻後、奉仕義務をめぐる議論はより活発になっている。同年六月、シュタインマイヤー大統領(Frank-Walter Steinmeier: SPD)は新聞のインタビューに答え、奉仕義務の導入について議論がおこなわれることを願うと発言した[40]。徴兵制の再開をめぐる議論も活発であり、二〇二三年一月にはショルツ首相(Olaf Scholz: SPD)が連邦議会で、兵役の停止を「誤り(Fehler)」だと発言し[41]、ピストリウス国防相(Boris Pistorius: SPD)もインタビュー記事で同様の発言をした[42]。二〇二四年五月のCDU党大会では、徴兵制再開に向けた議論の促進が綱領に採択された[43]。ただしこれらの発言はいずれも、かつての徴兵制に回帰することを意図していないことには注意が必要である。二〇二四年五月の時点では、事前アンケートで参加の意思を表明した者を中心に、連邦軍の定員に満たない人数に限って徴兵する

「割当制（Kontingent）」ないし「選択的（Auswahl）」な徴兵制が議論の中心となっているが、財源、期間、拒否者の処遇など重要な議論がまだおこなわれていない[44]。ここでは、なぜ奉仕義務が一部で支持されるのか、その要因を探るとともに、学校外教育としてのボランティアに及ぼす影響について考察したい。

奉仕義務をめぐる議論の先行きは不透明だが、少なくとも、奉仕義務を主張すること自体は政治的、社会的に容認されつつある。二〇二〇年八月の世論調査でも、約六六％が奉仕義務に賛成と報告された[45]。奉仕義務への支持が高い理由として、第一に、半世紀以上にわたりボランティア制度と並存してきた民間役務に対する社会的評価の高さが挙げられる。かつて活動に従事した者の「満足度」は、ボランティア制度で七七％、民間役務で七三％と、ほとんど差がない。こうした個人的な経験も加味され、奉仕義務は「若者の人権を強く制限する（三三％）」という考えよりも「社会に好影響をもたらす（五七％）」という考えが上回っている。しかし一八～二九歳に限れば奉仕義務の支持は四四％にとどまることから、もはや自分には該当しない世代が若い世代に責任と義務を押しつけようとする、という構図もみえてくる[46]。それではなぜ奉仕義務の支持者は、若者に強制しても構わない、強制しなければならない、と考えるのだろうか。それは、社会に貢献する活動に高い教育的効果があり、社会的連帯を強化すると考えられているためであり、これが、奉仕義務への支持が高い第二の理由として挙げられる。奉仕義務の支持者は、ボランティア制度で検証されてきた教育的効果を理由に、だからこそ全員にさせるべき、と論理を展開する。二〇一九年一一月にCDU内のワークショップで共有された資料でも、「なぜ自発的な活動ではなく奉仕義務なのか」という問いへの回答として「現在、すでに自発的に活動している若者には高い社会的能力、責任と義務の自覚、国家や社会との結びつき」があり、「彼らのような層だけではなく、あらゆる社会層」が参加できるようにしなければならない、と説明されている。(47)

注意すべきなのは、参加「しない」層として、しばしば移民・難民の背景をもつ者が挙げられることである。彼らに奉仕義務を課すことで多数派の価値を共有させ、統合を促すべきとの言説には、移民政策への不満を映し出すポピュリズム的な要素が強くうかがえる。こうした例として、「義務であれ自発的であれ、奉仕活動に難民が従事することは、国家と社会の統合にも役立つ」「国民も、難民が我々とともに暮らすことを受け入れやすくなるだろう」とのクランプカレンバウアーの発言を挙げることができる。(48)また、連邦議会ではほとんど議論されなかったが、二〇二〇年三月にはＡｆＤが、コロナ禍で苦しむ「家族および高齢者」を中心とした新たなボランティア制度を導入すべき、との法案を提出した。ＡｆＤのライヒャルト(Martin Reichardt)は法案の否決を受けて、「二〇一五年には『難民のためのボランティア制度』が即座に導入されたのに、二〇二〇年のコロナ禍で家族と高齢者は支援されなかった。これはドイツのすべての人々にとって壊滅的なサインだ」と不満を表明した。(49)

このように、ボランティア制度や奉仕義務をめぐる議論はしばしば難民問題と意図的に結びつけられ、「自国民」に配慮する意見が公然と語られている。(50)ＣＤＵ新綱領をめぐる議論でも、すでにボランティアをしている若者には「高い社会的能力、責任と義務の自覚、国家や社会との結びつき」がある、とされる一方で、奉仕義務の「強力な統合効果」についても記述があり、「統合は双方向的なもの」としつつも「他国または異なる文化から来た第二世代、第三世代の若者」が、「奉仕を通じて我々の公共体（Gemeinwesen）に近づく」ことが期待されている。[51] こうした表現からは、「ドイツの文化と中心的な諸価値を移民は受け入れるべき」という移民の統合をめぐる論争で観察されるように、既存の保守がより右寄りの政策に向かわざるを得ない、[52] という傾向もみえてくる。

このように、「奉仕」のもつ社会や国家に対する義務としての側面が強調され、しばしば移民・難民「問題」とも結びつけられている。ただし、難民「危機」や移民・難民「問題」の多くが、ポピュリストによる政治化と宣伝の結果、問題として表出しているに過ぎない、との視座は重要である。テロが増加し治安悪化につながる、失業者が増加する、移民が福祉制度に依存している、といった「政治化」された移民・難民問題と、すでに多数の移民が統合され、市民として存在しているという事実を区別すべきことが指摘されている。それにもかかわらず、移民・難民に対する差別やスティグマ化が生じていることこそが問題である。[53] 奉仕義務をめぐっても、現在、ボランティア制度に参加していない人々は、「高い社会的能力、責任と義務の自覚、国家や社会との結びつき」が足りないから「しない」のか、社会的・経済的理由で「できない」のかが明確にされないまま、移民・難民の統合を念頭に議論がなされている。また、法的なハードルに加え、膨大な人的・財政的コストと公平性の観点から考えて、奉仕義務の導入は徴兵制と同程度に非現実的である、という事実も無視されている。

さらに、ボランティア制度に内在する課題も議論を複雑にしている。ボランティア制度の教育的効果を誰もが享受できるよう制度改革を進める、という、いわば「ボランティア制度に参加する権利」[54]を保障すべきという考え方は、もともとボランティア制度の支援者によって用いられてきた。しかし奉仕義務の支持者は、ボランティア制度の参加者が高学歴の若者に偏っており[55]、移民・難民の背景をもつ参加者も少なく、あらゆる社会層が参加する制度となっていない点を批判する。参加の障壁を下げるための制度改革が少しずつ進められているとは言え、偏った参加者構造は、「反エリート」「反既得権」を掲げるポピュリストからも批判されやすく、一層の改善が求められる。また、学校外教育という位置づけそれ自体も、議論に影響を与えている。ボランティア制度の教育的効果として、実践を通じた進路決定やキャリアアップの機会、社会参加や政治参加能力の獲得といった効果が挙げられるが、直近の議論で強調されているのは、社会を結束させる効果への期待である。とりわけ、徴兵制と民間役務への信頼が厚いドイツにおいて、全員が等しく義務を担うことによって、多様な社会層間の交流を促し、市民ないし国民としての自覚や責任感を育み、社会的連帯を深める、という主張には一定の支持がある。徴兵制と民間役務の停止を大きな損失と捉える意見も根強い。ただし、「連邦軍のボランティア制度」については、奉仕活動の教育的効果によって社会を結束させ、連邦軍の右傾化を阻止する狙いが強調されているが、他方、連邦軍が若い世代の雇用に苦戦しており、リクルート機能にも期待が寄せられていることはほとんど強調されていない[56]。

このように、奉仕義務をめぐる議論は、複数の論点が時に意図的に混同され、事実に即してではなく、曖昧なイメージをもって主張されているところに特徴がある。そもそも参加「できない」と「しない」は異なる次元の問題であり、「できない」のであれば、社会経済政策上の課題として、他の政策領域も含めて解決策を探る必要がある。また、「しない」自由の軽視は、政治や社会に対する批判や異議申し立てをも「教育」の範疇に含めてきたボランティア制度の位置づけを揺るがすものでもある。ボランティア制度をめぐる政治的・社会的な合意はこれまで非常に安定していたが、今後変化する可能性は否めず、その展開を注視し続ける必要があるだろう。

おわりに――政策から「ボランティア」を考える

本書は、ボランティア支援政策のなかでも「個人が一定の期間、生活の心配をせずにボランティアとして活動するための公的な支援枠組み」に照準を合わせ、ドイツのボランティア制度を中心に、その意義と課題をさまざまな角度から検討してきた。個人の自発的な選択や、その支援政策をめぐる議論に新たな領域を切り拓くにあたり、一連の分析から得られる示唆とは何か。以下ではまず、章ごとに得られた知見をまとめる。

第一章「なぜボランティアを支援するのか――日独の事例から」では前半で、日本のボランティア支援政策を概観した。フルタイムかつ生活保障を伴う政策事例として青年海外協力隊に着目し、民間事業の「一年間ボランティア計画」と比較しつつ、政策が成立し、継続する要件を確認した。これらはいずれも戦後の青年運動の流れを汲む理想をもち、青年教育の制度化・組織化を目的に据える事業であった。協力隊は、日本が自由主義陣営の一員であることを示す開発協力の側面をもつため、外務省主管の政府事業として成立した。結果、専門的な技能をもつ隊員が従事する開発協力と、未経験者を含む若者の育成、という両側面を維持したまま、一定の評価を得て安定的に継続されてきた。一方、一年間ボランティア計画は、政府からの協力は得ていたが政策としては成立せず、民間の自律を重視して創設された。関係者からの評価は高かったが、広く社会に認知されるには至らず、政治経済的な影響を回避することができずに頓挫した。これらの事例から、ボランティア支援が政策として成立し、またはその規模を拡大する際に、他の政策分野にかかわる動機の存在と、それらへの組み込みが契機となり得ることが示された。続く後半では、本書が扱う「ボランティア」とはどのような人々なのかを整理した。ドイツのボランティア制度には、義務教育修了後であれば性別、国籍、学歴等を問わず誰でも参加することができるが、その主たる対象は、義務教育修了後二七歳未満までの若者であり、実際の参加者も一八～二〇歳が中心である。制度の種類により、連邦や州、運営にかかわる団体が関与する程度や方法、経費負担の割合はさまざまに異なるが、参加者の待遇はほぼ同一である。彼らは社会保険、食事、住居、作業着、「小遣い」、研修の機会を保障され、多くはドイツ国内の福祉・介護、環境保護、芸術、スポーツなどの領域で原則一年間、フルタイムで活動する。こうした「ボランティア」の姿は、日本のボランティア活動者の主たる層とは異なり、海外で活動し、専門的な技能が求められることもある協力隊とも形態が異なっている。そのため次章以降の議論の素地として、本書における「ボランティア」の範囲と形態を明示するとともに、訳語についても説明を加えた。

第二章「負の過去と向き合う――ボランティア支援の歴史的展開」では、なぜ現代ドイツでボランティア制度が成立し、継続してきたのかを明らかにするため、その歴史的展開について、徴兵制との関係を中心に分析した。冷戦の最前線にあった旧西ドイツにおいて、若者に兵役を義務づけ、その代替として民間役務を課すことと、自発的に社会に貢献する若者の不利益を是正するための法制化は、基本法が体現する自由と民主主義の価値規範に基づく点で矛盾していなかった。ただし一九六四年の法制化に向けた議論では、徴兵制との関連は否定されており、むしろ、ナチ時代の負の過去を念頭に、自発性に基づく活動を義務化してはならない、という合意が再三にわたり確認されていた。また、連邦の権限を最小限にとどめ、連邦州の責任のもとで民間による自由な運営を確保すること、国家主導でボランティア制度を「導入」するわけではないことが強調されていた。しかし二〇〇〇年代以降、ボランティア制度が急速に拡大される際には、徴兵制廃止に向けた議論がより直接的に影響した。かつて偏見に耐えなければならなかった民間役務は、病院、介護・福祉施設等で活躍する「社会的英雄」へと変化していた。活動の領域も内容も、傍からみれば民間役務に酷似していたボランティア制度には、民間役務の社会的役割を補塡する、という政策的期待が寄せられるようになった。まず二〇〇二年には、ボランティア制度への参加が民間役務の代替として認められるようになり、二〇一一年には、半世紀にわたり継続され、評価されてきたボランティア制度（「青年ボランティア制度」）に接ぎ木するかのように、新たなボランティア制度（「連邦ボランティア制度」）が導入された。これは徴兵制停止に伴って、民間役務にかかわる人材や施設を転用し、自発性を前提とする枠組みへと作り替えたものである。この政策決定の要因としては、分権的構造をもつ青年ボランティア制度を連邦が支援するためには、基本法の改正や州ごとの意見調整といった高いハードルがあったことが挙げられる。また、徴兵制再開に備えて一定の人員を維持しておく必要もあった。そして何よりも、徴兵制停止が喫緊の課題となり、ほかの選択肢について検討し、合意を形成する十分な時間的余裕がないまま、急速に決定された。しかしこうした事情があったにせよ、一九六四年当時、連邦の権限を最低限に抑え、多様な担い手の自律と自由な実践形態を保持する、という合意に基づいて法制化が実現したことに鑑みれば、連邦ボランティア制度の導入は重大な構造的変容である。

第三章から第五章にかけては、現在のボランティア制度が直面するさまざまな難問について、それぞれ教育、社会的包摂、奉仕義務をキーワードに考察した。まず第三章「物言うボランティア――政治教育との接続」では、ボランティア制度の法律上の目的に据えられている「教育」の実態と課題を扱った。ボランティア制度における教育の特徴は、批判的・対抗的な運動とボランティアが明示的に結びつけられ、学校外政治教育として展開してきたところにある。そもそもドイツにおいて、ボランティア活動そのものと、現実の政治、また、政治に対する批判性が不可分の関係にある背景としては、一方ではドイツ語の「市民参加」概念が日本の「ボランティア」よりも包括的、複合的に理解されており、政治との距離も近いことがある。しかしもう一方において、長期かつフルタイムで活動する「ボランティア」の身分を国家の責任のもとで保障する政治実践が蓄積されてきたことも過小評価すべきではない。その制度的基盤のなかで、学校外政治教育の教育構想と実践が蓄積され、ボランティア自身が共同決定プロセスに参画する仕組みも整備されてきた。また、ボランティア制度の運営にかかわる団体の果たしてきた役割も大きい。なかでも大規模な環境保護団体は、現実の政治の場で起こっている問題について議論し、その課題を批判し、抗議の意思を行動で示すことの意義を参加者らに共有してきた。同時に、その政治的影響力をもって、ボランティア制度を民主主義の根幹を支える教育の場と位置づけ、連邦からの支援を確実なものとすることにも貢献してきた。参加者の主導で設立された自治組織（AKTIV）の事例が示すように、参加者・参加経験者自身が政治教育の担い手としての認識をもって自主的に活動していることは、これまでの教育実践、なかでも、ボランティアとして参加する若者の共同参画を制度化してきたことによる成果の一端と評価することができよう。しかし、こうしたボランティア制度の教育において、批判性・対抗性は必ずしも中心にあるわけではなく、むしろ政策的・実質的には参加者の就労可能性を高めるための専門的・職業的な学びに重心が移行しているとの指摘もある。また、ボランティア活動そのものから得る学びと、政治的関心や行動との因果関係は明らかになっていない。加えて、ボランティアとして参加する若者も一枚岩ではなく、主体性を重視する学びの機会を活用できる者と、活用しない／活用することが難しい者、という分断の構造がある。

さらに、より深刻な課題と認識されているのは、ボランティア制度に参加する者と、参加しない／できない者、の間にある分断の構造である。第四章「『承認の文化』に向けて——社会的包摂か、格差の再生産か」では、包摂政策としての理想を掲げるボランティア制度が、具体的にはいかなる「包摂」を、どのような方法で実現しようとしているのか、二〇一九年の法改正プロセスから分析した。一九九九年から定期的におこなわれてきた「ボランティア調査」で示されるように、ボランティア支援をめぐる連邦政府の基本姿勢は、「参加したくてもできない」人々が抱えるさまざまな事情——経済的・時間的制約、また身体的・精神的な障害など――に起因する参加障壁を軽減することにある。性別、地域、学歴、移民・難民などの出自などにかかわらず、あらゆる人々に学ぶ機会と社会とのつながりを確保する、という包摂政策の志向は、個人への経済的支援、社会的地位と研修の機会を保障するボランティア制度にも顕著に示される。しかしその一方、ボランティア制度の参加者は多くが高学歴の若者であり、包摂政策としての実態を伴っていないことが課題とされてきた。二〇一九年の法改正はこの議論の延長線上にあり、パートタイムでの参加を可能とすることで、「参加したくてもできない」人々にとっての障壁を軽減するとともに、ボランティアの尊重、奨励、可視化を目指す「承認の文化」の実現を目的としていた。政策決定者、参加者、参加経験者、運営にかかわる団体が協力して推進してきた「承認の文化」は、社会的な認識の向上と受容という面で一定の成果を収めてきた。しかし二〇一九年の法改正が示すように、運用の柔軟化や待遇の改善による参加障壁の軽減という面で、改革のスピードはきわめて遅い。それは、参加しやすい包摂的な制度づくりと、就労や職業訓練、他のボランティア形態等と区別し、公平性を保つために必要な教育政策としての制度設計が、異なるベクトルをもち、反発しあう関係性にあるためである。ボランティア活動そのものと、参加者に提供する研修を、青年教育、生涯教育と位置づける教育政策の視座は、ボランティア制度の教育的効果を検証し、可視化することに貢献してきたが、同時に、制度の弾力的な運用の足枷ともなってきた。

このように、民主主義的な社会の構築を目指すボランティア制度の高い理想は、多くの矛盾と難問を抱え、批判されながら展開している。その批判が契機の一つとなっているのが、ボランティアの義務化、すなわち「奉仕義務」をめぐる議論である。第五章「なぜ義務化が支持されるのか――揺れるボランティア制度」では、なぜボランティア制度が整備されたドイツにおいて、奉仕義務の主張がたびたび繰り返されるのか、コロナ禍における動向を中心に検討した。ボランティアの義務化と言うと、ナチ時代を想起させることもあり、リベラルな価値規範の動揺を体現しているようにも思われる。たしかに存在感を増す右翼ポピュリズム政党（AfD）をはじめ、政治文化の変容は観察されるが、それはあくまでも一側面である。奉仕義務は戦後ドイツで繰り返し主張されており、今に始まった議論ではない。既成政党も主張しており、二〇一八年以後の議論を主導してきたのはむしろ、当時の政権与党（CDU／CSU）の議員であった。奉仕義務をめぐる議論は複合的要因から生じており、主張される内容もさまざまに異なるため、詳細を慎重に検討する必要がある。まず、二〇一一年以前の「徴兵制」を再開すべき、と主張している政党は現在のところAfDのみであり、たいていの場合、奉仕義務とは区別して議論されている。また、CDU／CSUの一部議員を中心に議論されてきた奉仕義務も、それが義務や強制である限り、基本法（憲法）改正が必須であり、国際法との整合性も求められる。人的・財政的コストも高く、党内外からの反発もあるため、実現可能性はきわめて低い。それにもかかわらず奉仕義務が主張される理由として、徴兵制とともに停止された民間役務への社会的評価が高いことがある。義務として兵役や民間役務に従事した経験をもつ世代の一部は、その経験を好意的に捉え、若者が社会に貢献する活動をすることで、社会的スキル等の獲得や進路決定に役立てるとともに、社会の結束や連帯について学ぶことで分断社会を克服できる、と考えている。自ら望んでいなかったにもかかわらず、民間役務から学びや成長の機会を得たことは、思いがけない経験として記憶されており、教育的効果があるなら強制しても構わない、という意見に一定の支持がある。さらにこうした奉仕義務の支持者にとって「ボランティア制度」は、あらゆる社会層が参加していない点で不十分であると考えられている。連邦軍の新しい志願兵制の通称に「ボランティア制度」が採用されたことからも示されるように、ボランティア制度への人気は高く、特にその教育的効果への政治社会的な評価は確立されてきた。しかしその評価が高まるほどに、参加していない若者が置き去りにされている、との批判も高まりをみせてきた。全員に参加の機会を与えるためには義務づけしかないとの論理が、奉仕義務論者の主張である。このように、奉仕義務がより公然と語られるようになった要因の一つには、ボランティア制度では社会的包摂を実現できない、との批判がある。しかし、彼らの論理展開は「反エリート」を掲げるポピュリズム的主張に重なる部分があり、たとえば移民・難民の統合をめぐる議論でも、社会に貢献する活動を統合の要件とするような主張が散見される。ボランティア制度が抱える課題を解決できるか否かは、既存の政治的合意と、その基盤となるリベラルな価値規範をも左右すると言えよう。

これまでみてきたように、現代ドイツのボランティア制度は、長期ボランティアに参加することで生じる不利益を防ぐ、という発想から設計されている。活動者の経済的負担を軽減し、その身分を公的に保障する制度化は、ボランティアとして活動することを希望する者に等しく保障する、いわば

「権利としてのボランティア」を社会に定着させてきた。その際、過去の反省を念頭に、ボランティアの義務化との境界を守り、自発性に基づく制度であることが重視されてきた。徴兵制と民間役務が停止され、連邦ボランティア制度が新たに導入された後も、その点は基本的に変化していない。しかし、活動内容がきわめて類似する民間役務と並存する構造が長く続いたこともあり、ケア分野および連邦軍の深刻な人材不足、国際状況の急変、右翼の台頭や分断社会といった課題と複雑に絡み合いながら議論が展開し、先行きがみえにくい現状が生じている。加えて、その成果とされてきた民主主義的な社会の構築に寄与する政治教育としての役割と効果についても、参加者が有する能力や意欲が、同年齢層の若者全体と比べてそもそも高いレベルにある可能性は否定できず、日常的な活動から得られる学びが政治的関心や政治参加となぜ、どのように結びついているのかも十分に検証されていない。したがってドイツの状況は理想的とは言えず、無批判に称賛することは適切でない。また連邦制や徴兵制をはじめ、政治社会的な面で日本との差異も大きく、ドイツのボランティア制度をそのまま模倣し、導入することも困難である。しかしそれでもなお、この政策領域からいくつかの示唆を得ることができる。

第一に、ボランティアの社会的な承認と、活動者の自己認識の向上がある。ボランティア活動者に一定期間、安定した地位を保障することは、彼ら自身がその意義と課題について考え、理解する契機となると同時に、そのための時間の確保にもつながる。自らの活動について客観的に考え、フィードバックを得る機会としての研修は、同時期に参加する活動者との横のつながりも提供してきた。さらに、参加経験者らによる自主的な取り組みは、世代を越えた縦のつながりを強化し、ボランティアの地位向上のための知見やノウハウも共有されてきた。これらの蓄積が、ボランティア自身がその政治社会的な承認を堂々と要求し勝ち取ろうとする、「物言うボランティア」の形成に寄与していると言えるだろう。

第二に、多様な活動分野の尊重と承認がある。支援政策の対象となる活動分野は非常に広く、福祉・介護、青年教育、環境保護、災害支援、平和と和解のための活動、文化・芸術、スポーツ、政治などが含まれる。こうした多様性は開始当初から備わっていたものではなく、運営にかかわる団体らが州または連邦政府に訴え、働きかけることを通じて、少しずつ獲得されてきた。無論、量的にみれば福祉・介護の分野への相当な偏りがある。しかし可能な限り支援対象を広く認め、活動分野にかかわらず同じレベルの支援をすることは、青年教育・生涯教育のための政策であること、すなわち、あくまでもボランティア活動者自身にとっての学びが中心に置かれていることを示すものである。その姿勢が活動分野の序列化を防ぎ、さまざまな活動の尊重と承認として結実している。

そして第三に、民主主義的な社会の実現に向けた試行錯誤の過程として捉える視座は重要である。本書では、多様な社会層が参加できていない問題をやや強めに論じてきたが、改めて確認しておくと、制度上、特定の人々を排除しているわけではなく、本来の意図は参加機会の平等にある。主たる対象層は若者であり、受入体制の有無による制限はあるが、義務教育修了後のすべての人々が希望すれば参加できる設計になっている。希望しない場合と、希望してもできない場合を区別して議論する必要はあるが、あらゆる人々に参加機会が開かれており、その実質化のための努力が間断なく継続されてきたことは特筆すべきである。そこには、市民一人ひとりが現実の政治や社会と批判的に向き合う姿勢と能力の涵養が民主主義的な社会の実現に不可欠であり、ボランティア制度はそれに貢献し得る、との思想がある。一方で、公的な支援を受けて活動する人々や組織が沈黙し、迎合してしまう危険と隣り合わせでもあり、制度化が進めば進むほど、国家の意図に沿う恣意的な設計を防ぐことが困難になり、関与する組織の自律や独立性との緊張関係も高まる。それは連邦や州から莫大な資金を得て推進される学校内外の政治教育全般についても同様に言えることである。しかしだからこそ、ボランティア制度の参加者らが批判的な姿勢を保ち続けられるかどうかが、制度そのものの思想と存在意義を左右すると言えよう。

二〇二三年五月一五日、ボランティア制度参加者らは共同で公開請願を提出し、参加者の待遇を改善し、より魅力ある制度を実現するための更なる支援を要求した(1)。この請願は九万筆を超える署名を集め、同年九月一八日には連邦議会請願委員会の公聴会の場で、当時一九歳のマリー・バイメン氏が自らの経験を基に、財政支援の必要性を切実に訴えかけた(2)。そのことが一つの契機となり、二〇二四年度の大幅な予算削減計画は、撤回へと追い込まれた(3)。「物言うボランティア」の模索は今も続けられている。今後も引き続き、展開を注視していきたい。

あとがき

本書は、二〇一九年に東京大学大学院総合文化研究科に提出した博士論文「ドイツにおける市民参加促進制度の変容――環境分野の展開に着目して」を基に、大幅な加筆修正をおこなったものである。博士論文の執筆にあたっては、東京大学ドイツ・ヨーロッパ研究センター（DESK）奨学助成金、および東京大学博士課程研究遂行協力制度の支援を受けた。また、本書で発表する研究にはJSPS科研費JP20K20057、JP24K20981の助成を受けたものが含まれる。なお以下に初出を示す通り、本書には論文として既発表のものが含まれるが、いずれも修正と改訂を加えた。その他は本書のための書き下ろしである。

第二章　渡部聡子（二〇一八）、「ドイツにおける学校外環境教育の制度化――FÖJ促進法の成立過程に着目して」『日本環境教育学会関東支部年報』第一二号、四三―四八頁。

渡部聡子（二〇〇九）、「ドイツの奉仕活動制度――民間役務法14c条追加をめぐる議論を中心に」『ヨーロッパ研究』第八号、一〇一―一一七頁。

第三章　渡部聡子（二〇二三）、「ドイツの『物言うボランティア』――学校外政治教育としての実践と課題」『国際広報メディア・観光学ジャーナル』第三六号、三一―一八頁。
渡部聡子（二〇一九）、「ドイツにおける市民参加促進制度の政治教育をめぐる構造的課題――環境分野の展開に着目して」『年報地域文化研究』第二二号、五九―七五頁。
第四章　渡部聡子（二〇二二）、「ドイツのボランティア支援政策における社会的包摂の展開――二〇一九年の法改正プロセスを中心に」『ヨーロッパ研究』第二一号、一九―三〇頁。
第五章　渡部聡子（二〇二一）、「コロナ禍の学校外環境教育――ドイツの奉仕義務をめぐる議論を中心に」『日本環境教育学会関東支部年報』第一五号、一五―二〇頁。

学生時代、身近になりつつあった検索サイトで偶然、ボランティア制度の参加者による体験記を目にした。そこで初めて、ドイツには一年間、生活の心配をせずボランティアとして活動できる公的な制度があり、一部の州では外国からも参加者を受け入れていることを知った。それから二〇年以上、はじめは参加者として、次第に研究者として、この制度とかかわり続けることになるとは、当時、想像すらしていなかった。大学を休学しボランティア制度に参加した後、大学院生、会社員、任期付き研究員、非常勤講師、大学教員などを経験しながら、ボランティアの制度化とは何か、なぜその研究をするのかを考え続けてきた。正直なところ現在も答えを探す途上にあるが、悩み、迷走しながらも、これまで研究を続けることができたのは、多くの方々の支えがあったからに他ならない。
北海道大学文学部在学中には、寺田龍男先生、ミヒャエル・シャルト先生にドイツ語の楽しさを教えていただいた。ボランティア制度への応募に際しては、石原次郎先生、クリスティーネ・キューン先生が親身に相談に乗ってくださった。指導教員の山田貞三先生は、制度研究で卒論を書きたい、との申し出を受け入れてくださり、研究の基礎を丁寧に教えてくださった。熊坂亮さん、中村寿さんをはじめドイツ語専攻の先輩方、研究室をご一緒した塚田力さん、ペトリシェヴァ・ニーナさん、山路明日太さんをはじめロシア語専攻の先輩方にも大変お世話になった。また初の渡独での数々の失敗は、同期の山田祥子さんと一緒だったからこそ乗り越えることができた。

東京大学大学院総合文化研究科の修士課程に進学してからは、新たな環境、新たな学問分野への挑戦で挫けそうなことも多かったが、指導教員の森井裕一先生は常に冷静に研究枠組みを見極め、辛抱強く見守り続けてくださった。DESK奨学助成金により現地調査を実施できたことは大変有難かった。一学生の拙いインタビューにもかかわらず、真摯かつ丁寧に回答してくださったドイツの関係者の皆さまにも心から感謝したい。また足立信彦先生、石田勇治先生、川喜田敦子先生をはじめ、DESKと地域文化研究専攻の先生方からも丁寧なご指導をいただいた。河村弘祐さん、辻英史さんにも大変お世話になった。清水謙さん、白鳥まやさんをはじめ、欧州研究プログラムでも同期と後輩に恵まれ、その語学力と知識の深さに圧倒されながらも、気軽に相談できる間柄に何度も助けていただいた。

会社員を経て博士課程に進学した後も、多くの方々の支えがあった。とりわけ、修士課程に続いて指導を引き受けてくださった森井裕一先生に深甚なる感謝の意を述べたい。国内外の政治の動向と現場の観察を積み重ね、大局的に政策を検証する姿勢について終始、熱心にご指導いただいた。審査に際しては、足立信彦先生、石田勇治先生、小川浩之先生、瀬地山角先生から貴重なご指摘とご助言をいただいた。ＤＥＳＫ奨学助成金により実現した現地調査では、ギーセン大学のドロテ・ド・ネーヴ先生が全面的に協力してくださった。また日独共同大学院プログラム（ＩＧＫ）を通じて、穐山洋子さん、猪狩弘美さん、伊豆田俊輔さん、伊東直美さん、稲垣健太郎さん、今井宏昌さん、川﨑聡史さん、北岡志織さん、衣笠太朗さん、田村円さん、長沢優子さん、松本尚子さんをはじめ、先輩、同期、後輩の研究からも多くの刺激を得た。教務補佐・特任研究員を務めたＤＥＳＫでは平松英人さんに大変お世話になり、貴重な経験を積むことができた。また同時期に特任研究員であった大下理世さんの存在はコロナ禍を乗り越えるうえで大変心強かった。学振に落ち続ける私を明るく励ましてくださった深澤晴奈さん、本書の出版を全力で応援し、相談に乗ってくださった早尾貴紀さん、白瀆さんにもこの場を借りて心より感謝申し上げたい。

青木聡子先生、猪瀬浩平先生、寺田佳孝先生、藤井基貴先生との議論では、本書に欠くことのできない貴重なご助言をいただいた。またコロナ禍で直接、会うことは叶わなかったが、ボランティア論を担当した東京外国語大学の学生から得たボランティアについての疑問やイメージなど忌憚のない意見は、本書の原点の一つとなった。二〇二二年春に着任した北海道大学でも、同僚の先生方、学生、豊かな自然環境に恵まれ、のびのびと働けていることに感謝の日々である。かつて私がそうだったように、ドイツ語から始まる世界に思いがけず引き込まれ、新たな学びを楽しんでくれる学生が一人でも増えることを願って精進していきたい。

本書を出版する機会を与えてくださった岩波書店の皆さま、とりわけ、本書の趣旨を深く理解してくださり、いつまでも完成しない原稿を待ち続け、刊行へと導いてくださった押川淳氏に記してお礼申し上げます。

最後に、私の選択を尊重し、支え続けてくれる家族と友人に心からの感謝を表して。

二〇二四年一二月

渡部聡子

渡部聡子

1982年北海道生まれ．北海道大学文学部卒業，東京大学大学院総合文化研究科博士課程修了，博士(学術)．東京大学ドイツ・ヨーロッパ研究センター特任研究員などを経て，現在，北海道大学大学院メディア・コミュニケーション研究院助教．専門は現代ドイツ政治，ボランティア支援政策．

主な論文に「ドイツの『物言うボランティア』——学校外政治教育としての実践と課題」(『国際広報メディア・観光学ジャーナル』第36号，2023年)，「ドイツのボランティア支援政策における社会的包摂の展開——2019年の法改正プロセスを中心に」(『ヨーロッパ研究』第21号，2021年)など．

権利としてのボランティア——ドイツ「参加政策」の挑戦

2025年2月13日　第1刷発行

著　者　渡部聡子《わたなべさとこ》

発行者　坂本政謙

発行所　株式会社 岩波書店
〒101-8002 東京都千代田区一ツ橋 2-5-5
電話案内 03-5210-4000
https://www.iwanami.co.jp/

印刷・精興社　製本・牧製本

ISBN 978-4-00-061680-5　Printed in Japan

索　引

＊関連年表・注の頁数には n を付す．また図表，文献内の文言は除外した．
＊制度・団体名等のドイツ語略称と日本語名称の対応は冒頭の通り．

AfD　⇨ドイツのための選択肢
AKTIV　⇨アクティヴな環境保護分野のボランティア制度
BUND　⇨ドイツ環境自然保護連盟
CDU/CSU　⇨キリスト教民主同盟・キリスト教社会同盟
ESC　⇨欧州連帯体
FDP　⇨〔ドイツ〕自由民主党
FÖJ　⇨自発的環境年／〔青年ボランティア制度における〕環境保護分野
FSJ　⇨自発的社会年／〔青年ボランティア制度における〕社会福祉分野
IJFD　⇨国際的な青年ボランティア制度
JYVA　⇨日本青年奉仕協会
NABU　⇨ドイツ自然保護連盟
SDGs　⇨持続可能な開発目標
SPD　⇨ドイツ社会民主党

ア 行

アクティヴな環境保護分野のボランティア制度（FÖJ-AKTIV e.V.: AKTIV）　114-119, 122, 175
一年間ボランティア計画　2, 11-16, 171-172, 5n
受入先（Einsatzstellen）　17, 27-31, 38, 67-69, 71-73, 81, 86, 106, 114, 120, 127, 135-136, 138, 141, 152
運営主体（Träger）　22, 27-31, 58-61, 64, 66, 68-74, 81, 83, 85, 106, 114, 12n, 19n, 26n
エラスムスプラス（Erasmus＋）　20
欧州連帯隊（ESC）　20, 5n

カ 行

学校外政治教育　⇨政治教育
環境保護分野のボランティア制度　⇨ボランティア制度
基本法（Grundgesetz）　51-52, 63, 66, 76, 79, 85, 87-88, 137, 154, 159-160, 162, 165, 173, 177, 17n, 32n
教育的指導（pädagogische Begleitung）　29, 60, 68-69, 86, 106, 28n
教会のための一年（Jahr für die Kirche）　22, 48
キリスト教民主同盟・キリスト教社会同盟（CDU/CSU）　47-48, 50-51, 57-59, 61-63, 70, 77, 80, 84-85, 112, 137, 142, 145-146, 158-161, 163, 165-167, 177, 17n, 31n, 35n
公共性　v, 7-8, 93, 155
国際的な青年ボランティア制度（IJFD）　⇨ボランティア制度

小遣い(Taschengeld)　24, 26, 30, 42, 68, 95, 126, 135, 140, 143, 147, 152, 164, 172, 11n, 13n

サ 行

債務ブレーキ(Schuldenbremse)　79
寒河江善秋　9
左派党(Die Linke)　84-86, 139-140, 142-144, 161, 31n
参加者代表システム(Sprechersystem)　113-115, 119, 122
参加政策(Engagementpolitik)　xi-xii, 97-98, 105, 152
持続可能な開発目標(SDGs)　92, 142
失業給付(Arbeitslosengeld II)／市民手当　26, 132, 12n
自発性　v, vii, 7-8, 33, 35, 38-41, 44, 51-53, 65, 87, 89, 93, 118, 132, 134, 145, 153-155, 165, 173, 179, 14n
自発的環境年(FÖJ)　23, 36, 54-55, 5n　※「〔青年ボランティア制度における〕環境保護分野」も参照
自発的参加　xi, 8, 128-129, 8n
自発的社会年(FSJ)　22-23, 36, 47, 5n　※「〔青年ボランティア制度における〕社会福祉分野」も参照
自発的労働奉仕(Freiwilliger Arbeitsdienst)　⇨労働奉仕
市民参加(bürgerschaftliches Engagement)　17, 33-34, 74, 81-82, 84-86, 95-98, 128-129, 174, 5n, 23n, 28n
社会運動　ix-x, 55-56, 61, 64, 96-98, 129, 152, 154, 19n
社会的安全(soziale Sicherheit)　viii, 42, 97
社会的排除(social exclusion)　126-127, 134, 149, 29n
社会的包摂(social inclusion)　92, 126-127, 129-131, 138, 147, 149-150, 174, 178
社会福祉協議会　3, 5, 35, 4n
州政治教育センター　⇨政治教育
〔ドイツ〕自由民主党(FDP)　48, 50-51, 57, 62, 66, 70, 77, 80, 84-85, 141, 146, 31n
就労支援　131-134, 138-139, 149, 18n
承認の文化(Anerkennungskultur)　135-137, 143, 147-149, 176, 29n
ショルツ, オーラフ(Scholz, Olaf)　165
末次一郎　9-10, 13, 15-16, 33
政治教育(politische Bildung)　xiii, 76, 95-96, 99-100, 102-106, 108-109, 112-114, 117, 119, 121-123, 163, 175, 179
　学校外政治教育　95, 98, 100, 103-104, 119, 174, 181
　州政治教育センター　103, 113
　政治教育セミナー　26, 30, 107-108
　連邦政治教育センター　102
政治参加　viii, 34, 96, 121, 129, 152, 154, 169, 179, 23n
青年海外協力隊／JICA 海外協力隊

v, 2, 6-13, 16, 35, 171-172, 5n
青年ボランティア制度(Jugend-freiwilligendienste) ⇨ボランティア制度
〔青年ボランティア制度における〕環境保護分野(FÖJ) 18-19, 22, 24, 27-32, 36, 40, 54-74, 84, 108, 112, 114-115, 117-120, 122, 127, 161, 19n, 26n, 36n
〔青年ボランティア制度における〕社会福祉分野(FSJ) 17-19, 21-22, 24, 27-28, 30-32, 36, 47, 49-55, 58-61, 63-68, 72, 74, 84, 88-89, 109, 161, 12n, 15n, 29n, 36n
祖国勤労奉仕(Vaterländische Hilfsdienst) ⇨労働奉仕

タ 行

中央組織(Zentralstellen) 3, 28-29, 106
徴兵制 xii-xiii, 18, 20, 23, 34, 38-42, 44-46, 48-49, 52, 55, 64-66, 74-80, 82, 85-90, 92, 98, 108, 132, 144, 153, 157-158, 162-163, 165-166, 168-169, 172-173, 177, 179, 5n, 10n
ディアコニーの一年(Diakonisches Jahr) 22, 47-50, 88, 5n
帝国労働奉仕(Reichsarbeitsdienst) ⇨労働奉仕
ドイツ環境自然保護連盟(BUND) 56, 109, 112, 116, 127
ドイツ自然保護連盟(NABU) 109-110, 112, 116
ドイツ社会民主党(SPD) 48, 51, 62-63, 70, 77, 79, 84-86, 137, 142, 146, 158, 161, 163, 31n
ドイツのための選択肢(AfD) 144-146, 156-158, 163, 167, 177, 33n
独仏ボランティア制度(Deutsch-Französischer Frei-willigendienst) 21

ナ 行

ナチス／ナチ／ナチズム vi, viii, xiii, 22, 33, 38-41, 44-47, 49, 56, 88, 97, 102, 110, 132, 154, 156, 158-159, 173, 177, 14n-15n, 20n
日本青年奉仕協会(JYVA) 12-16, 5n, 9n
日本青年奉仕隊推進協議会 9, 13

ハ 行

非営利性 v, 8, 93, 155
ブラント，ヴィリー(Brandt, Willy) 57
不利な状況にある若者(benachteiligte junge Menschen) 131, 133-134, 137-138, 140, 146-148
兵役拒否／兵役拒否者 18, 52, 65-67, 77, 89, 98, 10n
ボイテルスバッハ・コンセンサス 101, 103-104
防衛公平(Wehrgerechtigkeit) 78, 153
奉仕義務(Pflichtdienst) xiv, 51, 136-138, 144-145, 157-169, 174, 177-178, 32n, 35n
ボランティア制度(Freiwilligen-dienste; voluntary service) xiii, 17-18, 21, 23-24, 26, 32, 35-36,

マ 行

ラ 行

関連年表

1945	5. 8　ドイツ無条件降伏
1949	5. 23　ドイツ連邦共和国(西ドイツ)建国
	10. 7　ドイツ民主共和国(東ドイツ)建国
1954	「ディアコニーの一年(Diakonisches Jahr)」開始
1955	11. 12　連邦軍創設
1956	7. 21　徴兵制施行
1961	平和部隊(Peace Corps)創設［米国］
1964	4. 1 「自発的社会年(Freiwilliges Soziales Jahr, FSJ)」促進法施行
1965	4. 20　青年海外協力隊発足［日本］
1967	12　社団法人日本青年奉仕協会(JYVA)発足［日本］
1974	8　国際協力事業団(JICA, 現国際協力機構)発足［日本］
1979	4 「一年間ボランティア計画」開始［日本］
1986	4. 26　チェルノブイリ原子力発電所爆発事故［ソ連］
1989	11. 9　ベルリンの壁崩壊
1990	10. 3　ドイツ統一
1993	9. 1 「自発的環境年(Freiwilliges Ökologisches Jahr, FÖJ)」促進法施行
1995	1. 17　阪神・淡路大震災［日本］
1996	「欧州ボランティア制度(European Voluntary Service)」開始［EU］
1998	3. 25　特定非営利活動促進法公布［日本］
2002	5. 27 「自発的社会年(FSJ)・自発的環境年(FÖJ)」促進法改正
	6. 3　連邦議会調査委員会「市民参加の未来」報告書
2008	6. 1　青年ボランティア制度(Jugendfreiwilligendienste)促進法施行
2010	日本青年奉仕協会(JYVA)解散［日本］
2011	7. 1　連邦ボランティア制度(Bundesfreiwilligendienst)法施行 連邦軍の徴兵制停止
2018	「欧州連帯隊(European Solidarity Corps, ESC)」開始［EU］
2019	5. 6　青年ボランティア制度・連邦ボランティア制度法改正
2021	4. 6 「祖国防衛のための志願兵(Freiwilliger Wehrdienst im Heimatschutz)」開始
2022	2. 24　ロシアによるウクライナ侵攻開始

注

はじめに

(1)　金子郁容(1992),『ボランティア――もうひとつの情報社会』岩波新書.

(2)　宮垣元(2020),『その後のボランティア元年――NPO・25年の検証』晃洋書房, 14-31頁.

(3)　内海成治(2014),「ボランティアとは何か――教育の視点から」, 内海成治・中村安秀編『新ボランティア学のすすめ――支援する／されるフィールドで何を学ぶか』昭和堂, 2-28頁.

(4)　桜井政成・津止正敏編著(2009),『ボランティア教育の新地平――サービスラーニングの原理と実践』ミネルヴァ書房.

(5)　本間龍(2018),『ブラックボランティア』角川新書.

(6)　池田浩士(2019),『ボランティアとファシズム――自発性と社会貢献の近現代史』人文書院.

(7)　小澤亘(2013),「日本・韓国・カナダ3カ国における青年ボランティア文化比較研究――市民社会とボランティア問題」『立命館大学人文科学研究所紀要』99：183-212.

(8)　仁平典宏(2011),『「ボランティア」の誕生と終焉――〈贈与のパラドックス〉の知識社会学』名古屋大学出版会.

(9)　猪瀬浩平(2020),『ボランティアってなんだっけ？』岩波ブックレット.

(10)　Simonson, Julia / Kelle, Nadiya / Kausmann, Corinna / Tesch-Römer, Clemens(Hrsg.), 2021, *Freiwilliges Engagement in Deutschland — Der Deutsche Freiwilligensurvey 2019*, Berlin: Deutsches Zentrum für Altersfragen, S. 55-59.

(11)　小野晶子(2016),「災害時のボランティアと補償のあり方」『労働政策研究報告書』183：263-284.

(12)　東根ちよ(2015),「『有償ボランティア』をめぐる先行研究の動向」『同志社政策科学院生論集』4：39-53.

(13)　公益財団法人さわやか福祉財団編(2019),『いわゆる有償ボランティアのボランティア性』公益財団法人さわやか福祉財団.

(14)　仁平典宏(2011), 前掲書, 418-420頁, 426-428頁.

(15)　仁平典宏(2020),「オリンピックボランティア批判の様態と起動条件――

『やりがい搾取』をめぐって」, 石坂友司・井上洋一編著『未完のオリンピック——変わるスポーツと変わらない日本社会』かもがわ出版, 91-112頁.

(16) 日本語の「ボランティア」は,「活動」そのものと活動する「人」の双方の意味をもち, 文脈により使い分けられている. ドイツ語では「自発的参加(freiwilliges Engagement)」,「市民(的)参加(bürgerschaftliches Engagement)」などが「活動」の意味をもち,「人」を意味する用語もいくつか存在する. 本書では特に説明が必要な場合を除き, ドイツの事例でも, 活動と人のいずれかを指す意味で「ボランティア」の語を用いている.

(17) Olk, Thomas / Klein, Ansgar / Hartnuß, Birger (Hrsg.), 2010, *Engagementpolitik: Die Entwicklung der Zivilgesellschaft als politische Aufgabe*, Wiesbaden: Springer. 辻英史(2021),「現代ドイツのボランティア活動と参加政策」『公共政策志林』9：1-19.

(18) 元橋利恵(2021),『母性の抑圧と抵抗——ケアの倫理を通して考える戦略的母性主義』晃洋書房, 1-13頁.

第1章

(1) 内閣府(2022),『令和4年版 子供・若者白書』, 62-69頁.

(2) 厚生労働省(2023),『令和5年版 厚生労働白書(資料編)』, 194-207頁.

(3) 内閣府(2023),『令和5年版 防災白書』, 31-32頁, 52-53頁.

(4) 総務省統計局(2022),『令和3年社会生活基本調査——生活時間及び生活行動に関する結果(結果の概要)』, 21-23頁.

(5) 内閣府(2023),『2022年度(令和4年度)市民の社会貢献に関する実態調査報告書』, 11-14頁, 41頁.

(6) ただしこうした「ボランティア」像は, 地域や所属組織, 活動分野により, また統計手法により大きく変化する. たとえば, やや古い2009年の調査ながら, 社協で登録・把握するボランティアはやはり60代が40.9％にのぼるが, 女性が全体の68.8％を占め, 主婦・主夫(35.6％)と定年退職後(22.5％)が中心となって, 高齢者・障害者の福祉活動, 自治会・町内会・民生委員・児童委員・地区社協など地域に密着した活動に従事している(厚生労働省(2023), 前掲書, 194-207頁).

(7) 内閣府(2021),『令和2年度 特定非営利活動法人に関する実態調査』, 10-11頁, 63-64頁.

(8) 総務省統計局(2022),『令和3年社会生活基本調査』インターネット公開資料(調査票Aに基づく結果 生活行動に関する結果 生活行動編(全国)ボランティア活動, 第45-5表).

(9) 2021年10月31日時点，内閣府NPOホームページ「認証受理数(法改正後)平成24年4月以降の推移」，〈https://www.npo-homepage.go.jp/about/toukei-info/ninshou-zyuri〉.

(10) 統計資料を用いたボランティアの状況把握について以下を参照．齊藤ゆか(2014)，「『社会生活基本調査』にみるボランティア活動の変化」『聖徳大学生涯学習研究所紀要』12：33-43.

(11) 内閣府(2021)，前掲書，50頁.

(12) 独立行政法人国際協力機構(JICA)(2023)，『JICA海外協力隊事業概要』(2023年10月)，3-6頁，15-16頁，〈https://www.jica.go.jp/volunteer/outline/publication/pamphlet/pdf/gaiyo.pdf〉.

(13) JICAホームページ「JICAボランティア事業の概要」，〈https://www.jica.go.jp/volunteer/outline/〉，2023年11月1日閲覧.

(14) JICA(2023)，前掲書，7-11頁.

(15) 岡部恭宜(2018)，「青年海外協力隊の学際的研究」，岡部恭宜編著『青年海外協力隊は何をもたらしたか――開発協力とグローバル人材育成50年の成果』ミネルヴァ書房，1-18頁.

(16) 岡部恭宜(2014)，「青年海外協力隊の50年」『国際問題』637：26-36.

(17) JICA(2023)，前掲書，13-14頁.

(18) 藤掛洋子(2018)，「青年海外協力隊短期派遣と『グローバル人材育成』」，岡部恭宜編著，前掲書，62-88頁.

(19) 日本青年奉仕協会編(1989)，『一年間ボランティア計画』松籟社，134頁，142頁.

(20) 日本青年奉仕協会(2003)，『青年・社会人向けのボランティア活動及び社会奉仕体験活動にかかる長期参加プログラムに関する調査研究報告書』(平成14年度文部科学省委託事業)，31-32頁.

(21) ただしJYVAは海外のボランティア推進機関とのネットワーク構築や国際交流にも意欲的であり，1979年からアジア各国の長期ボランティアを受け入れる「ボランティア365・アジア交流計画」を，1990年からイギリスの青年を日本の高校に長期ボランティアとして受け入れる「日英青年ボランティア交流計画」を実施していた．日本青年奉仕協会(1996)，『フルタイム・ボランティア――JYVA 1年間ボランティア計画がわかる本』(JYVAブックレットNo. 8)，70-72頁.

(22) 日本青年奉仕協会編(1989)，前掲書，140-141頁.

(23) 日本青年奉仕協会編(1989)，前掲書，1-3頁，162-171頁.

(24) 日本青年奉仕協会(1996)，前掲書，2-8頁．日本青年奉仕協会編(1989)，

前掲書，134-135 頁.

(25)　日本青年奉仕協会編(1989)，前掲書，172-190 頁.

(26)　三原聡(2009)，『1 年間のボランティア——そんな人生の寄り道もある——V365 若者たちの物語』はる書房，358-359 頁.

(27)　日本青年奉仕協会(2003)，前掲書，31-32 頁．なお OB・OG 組織について以下を参照．風人の会編(1988)，『だから風人——ボランティア 365 の若者たち』はる書房.

(28)　日本青年奉仕協会編(1989)，前掲書，165 頁.

(29)　三原聡(2009)，前掲書，362 頁.

(30)　日本青年奉仕協会(2003)，『JYVA letter』51：2-3.

(31)　安藤耕己(2014)，「戦後青少年教育施策と末次一郎——主に 1960 年代までの『官製』的組織・運動の展開に着目して」『茗渓社会教育研究』5：18-29.

(32)　仁平典宏(2011)，「國士と市民の邂逅——右派の創った参加型市民社会の成立と変容」，前掲書，241-271 頁.

(33)　秋葉武(2007)，「ボランティア(volunteer)の生成——末次一郎の戦争体験と陸軍中野学校」『日本ボランティア学会学会誌』2007 年度：90-112.

(34)　訳語については本章第 3 節に詳述.

(35)　連邦市民社会庁は，連邦家族・市民社会庁(Bundesamt für Familie und zivilgesellschaftliche Aufgaben)の略称として用いている．2011 年までは連邦民間役務庁(Bundesamt für den Zivildienst)として，良心的兵役拒否者が従事する民間役務に関する業務を担当してきたが，徴兵制停止に伴い，連邦行政機関の最上位機関の一つである連邦家族・高齢者・女性・青年省(Bundesministerium für Familie, Senioren, Frauen und Jugend: BMFSFJ)の直下にある組織として，ボランティア制度をはじめ市民社会にかかわる業務を担当している．将来，徴兵制が再開された場合には，再び民間役務のための業務を担当する.

(36)　海外のボランティア制度について以下を参照．Huth, Susanne, 2022, *Freiwilligendienste in Deutschland. Stand und Perspektiven.* Studie im Auftrag der Bertelsmann Stiftung, Gütersloh, S. 13-19, 〈https://www.bertelsmann-stiftung.de/fileadmin/files/Projekte/Migration_fair_gestalten/Freiwilligendienste_in_Deutschland_2022_INBAS.pdf〉. BMFSFJ, 2016, *Zeit, das Richtige zu tun. Freiwillig engagiert in Deutschland: Bundesfreiwilligendienst, Freiwilliges Soziales Jahr, Freiwilliges Ökologisches Jahr,* S. 55-61.

(37)　BMFSFJ, 2021, Richtlinie zur Umsetzung des „Internationalen Jugendfreiwilligendienstes“ vom 20. 12. 2010, GMBl 4/2021, S. 77-80.

(38) https://www.kulturweit.de/

(39) https://www.weltwaerts.de/de/startseite.html

(40) Huth, Susanne, 2022, a.a.O., S. 16–19.

(41) Das Deutsch-Französische Jugendwerk(DFJW), 〈https://www.dfjw.org/〉.

(42) Horvath, Kenneth / Mutuale, Augustin / Weigand, Gabriele, 2019, „Der Freiwilligendienst als interkulturelles, soziales und politisches Projekt“, *Der Deutsch-Französische Freiwilligendienst: Zwischen Engagement und Interkulturalität*, OFAJ-DFJW Arbeitstexte, 31 : 9–25, 〈https://www.ofaj.org/media/nr-31-der-deutsch-franz-sische-freiwilligendienst.pdf〉.

(43) Deutscher Bundestag, *Drucksache IV/2138*, 09. 04. 1964, S. 1–3.

(44) BMFSFJ, 2021, Pressemitteilung „10 Jahre Bundesfreiwilligendienst (BFD)“, 01. 07. 2021, 〈https://www.bmfsfj.de/bmfsfj/aktuelles/presse/pressemitteilungen/10-jahre-bundesfreiwilligendienst-bfd--183114〉. Bundeszentrale für politische Bildung, 2021, „10 Jahre Bundesfreiwilligendienst“, 22. 03. 2021, 〈https://www.bpb.de/kurz-knapp/hintergrund-aktuell/328976/10-jahre-bundesfreiwilligendienst/〉.

(45) ボランティア制度は通常 8 月に開始され翌年 9 月末に終了するため，統計上の年度は 2020/2021 のように表記される．参加者数についての記述は以下を参照．Huth, Susanne, 2022, a.a.O., S. 25–34.

(46) Naturschutzbund Deutschland(NABU) e.V. in Kooperation mit Bund für Umwelt und Naturschutz Deutschland(BUND), 2015, *Entwicklung eines non-formalen Bildungskonzepts für Freiwillige im Natur- und Umweltschutz vor dem Hintergrund der Einführung des Bundesfreiwilligendienstes. Abschlussbericht über einen Bildungsprojekt gefördert unter dem Az 30312 von der Deutschen Bundesstiftung Umwelt*, S. 7–9.

(47) 従来，「小遣い」の上限は年金保険料算定限度額の 6% 未満であったが 2024 年 5 月の法改正により 8% 未満に変更された．BMFSFJ, 2024, „Gesetz zur Erweiterung der Teilzeitmöglichkeit in den Jugendfreiwilligendiensten sowie im Bundesfreiwilligendienst für Personen vor Vollendung des 27. Lebensjahres und zur Umsetzung weiterer Änderungen“, 29. 05. 2024.

(48) ボランティア制度の参加者が受給する「小遣い」は，労働の対価としての「報酬」ではなく，活動を「承認」する目的で支給されている．日本語の「謝礼」や「手当」に相当するが，本書では直訳の「小遣い」を用いることとする．

(49) *Gesetz über den Bundesfreiwilligendienst*, 28. 04. 2011, BGBl. I S. 687.

(50)　市民手当について以下を参照．布川日佐史(2023)，「ドイツにおける最低生活保障制度改革——『市民手当(Bürgergeld)』法案の検討」『現代福祉研究』23：77-102. BMFSFJ, "Jugendfreiwilligendienste: Bürgergeld", 〈https://www.jugendfreiwilligendienste.de/jugendfreiwilligendienste/glossar-206626〉.

(51)　BMFSFJ(Hrsg.), 2015, *Abschlussbericht der gemeinsamen Evaluation des Gesetzes über den Bundesfreiwilligendienst(BFDG) und des Gesetzes zur Förderung von Jugendfreiwilligendiensten(JFDG)*, Frankfurt am Main / Offenbach / Köln: INBAS-Sozialforschung, S. 17-22, S. 67-69.

(52)　ドイツでは伝統的に主に宗教を基盤とした大規模な福祉公益団体が中心となって慈善活動をおこなってきたが，今日もとりわけ医療・福祉ケアの分野で大きな役割を担っているのが以下の民間福祉団体である．カトリック系のドイツカリタス連盟(Deutscher Caritasverband)，プロテスタント系のドイツディアコニー：福音主義全国連盟(Diakonie Deutschland-Evangelischer Bundesverband，本書では「ディアコニー連盟」と表記)，ドイツ非宗派福祉連盟(Deutscher Paritätischer Wohlfahrtsverband，本書では「パリテート福祉連盟」と表記)，非宗教系のドイツ赤十字(Deutsches Rotes Kreuz)，労働者福祉事業団(Arbeiterwohlfahrt)，ドイツユダヤ中央福祉事業団(Zentralwohlfahrtsstelle der Juden in Deutschland)．これらの団体は強力な政治的影響力をもち，小規模な福祉団体の多くがこの傘下にある．中野智世(2016)，「社会国家と民間福祉——占領期・戦後西ドイツを例として」，辻英史・川越修編『歴史のなかの社会国家——20世紀ドイツの経験』山川出版社，139-161頁．

(53)　ドイツ語の名称(Internationaler Bund)を直訳すると他機関と混同される恐れがあるため，英語名(The Internationaler Bund for Cultural and Social Work)を基に訳出した〈https://ib.international/〉．なお，この国際文化社会事業連盟と，ドイツスポーツ青年団(Deutsche Sportjugend)，青少年文化教育協会(Bundesverband Kulturelle Jugendbildung)の三団体は，2002年に「連邦法に定めのある運営主体」として社会福祉分野に加えられた．

(54)　BMFSFJ(Hrsg.), 2015, a.a.O., S. 19. Huth, Susanne, 2022, a.a.O., S. 28.

(55)　Liebig, Reinhard, 2015, „Gemeinwohlorganisationen zwischen zivilgesellschaftlichen Zielsetzungen, ökonomischen Zwängen und staatlicher Einflussnahme am Beispiel der Freiwilligendienste", in Bibisidis, Thomas / Eichhorn, Jaana / Klein, Ansgar / Perabo, Christa / Rindt, Susanne(Hrsg.), *Zivil — Gesellschaft — Staat: Freiwilligendienste zwischen staatlicher Steuerung und zivilgesellschaftlicher Gestaltung*, Wiesbaden: Springer, S. 95-106. Jakob, Gisela, 2013, „Freiwilligendienste zwischen Staat und Zivilgesell-

schaft", *betrifft: Bürgergesellschaft*, 40 : 2-31.

(56) Bundesrat, *Drucksache 367/10*, 09. 07. 2010.

(57) BMFSFJ, 2021, „Förderrichtlinien Jugendfreiwilligendienste vom 01. 01. 2021".

(58) BMFSFJ, 2023, „Richtlinien des BMFSFJ zu §17 des BFDG vom 01. 09. 2023". なお小遣いと社会保険料の金額が25歳未満とそれ以上で異なるのは，児童手当の受給資格の有無による．

(59) BMFSFJ (Hrsg.), 2015, a.a.O., S. 59-61.

(60) Huth, Susanne, 2022, a.a.O., S. 12-13.

(61) Huth, Susanne, 2022, a.a.O., S. 25-34, S. 41-45. なおドイツの学校体系について以下を参照．柳澤良明(2023)，「ドイツ――学校全体で取り組む民主主義教育」，荒井文昭・大津尚志・古田雄一・宮下与兵衛・柳澤良明『世界に学ぶ主権者教育の最前線――生徒参加が拓く民主主義の学び』学事出版，104-133頁．

(62) 日本語訳はいずれも『アポロン独和辞典(第4版)』(2022年，同学社)を参照．

(63) 青木聡子(2017)，「コメント：〈若者〉が〈政治〉に〈関わる〉とき」『ドイツ研究』51：56-63. 渡部聡子(2009)，「ドイツの奉仕活動制度――民間役務法14c条追加をめぐる議論を中心に」『ヨーロッパ研究』8：101-117.

(64) Krüger, Christine G., 2016, *Dienstethos, Abenteuerlust, Bürgerpflicht. Jugendfreiwilligendienste in Deutschland und Großbritannien im 20. Jahrhundert*, Göttingen: Vandenhoeck & Ruprecht, S. 12-13.

(65) Deutscher Bundestag, *Drucksache 14/8900*, 03. 06. 2002, S. 119.

(66) 山田真裕(2016)，『政治参加と民主政治』東京大学出版会，16-18頁．

(67) 辻英史(2014)，「歴史から見たドイツ市民社会と市民参加」『公共政策志林』2：129.

(68) 渡辺富久子(2012)，「ドイツにおけるボランティアを助成するための法律」『外国の立法』253：86-109.

(69) 富樫ひとみ(2015)，「若者ボランティア活動の現代的意義とコーディネート機関の新たな役割――ドイツのコーディネート機関を参考に」『茨城キリスト教大学紀要』49：187-198.

(70) 辻英史(2020)，「現代ドイツにおける市民活動――1990年代までの歴史的展開」『公共政策志林』8：15-35.

(71) United Nations, 2002, General Assembly, A/RES/56/38, p. 3.

(72) 全国社会福祉協議会(2015)，『市区町村社会福祉協議会ボランティア・市

民活動センター強化方策2015』社会福祉法人全国社会福祉協議会 全国ボランティア・市民活動振興センター，21-23頁.

第2章

(1) クリューガーは，ボランティア制度における「自発性」とは国家からの強制がないという程度に過ぎず，そもそも完全な自由意思に基づくことを検証するのは不可能であり，研究の目的でもない，との立場をとっている．そのため，たとえば失業などを理由に活動する場合も検討に含めている．また，ナチ時代の制度をはじめ，戦前の構想や事例は必ずしも自発性に基づくものではないが，推進要因に着目することで現在の制度を歴史の中に位置づけるとの目的のために，それらの事例も含めて分析している．ただし戦後，旧東ドイツでの展開はきわめて限定的であったことから，旧西ドイツに関する記述が中心となっている．Krüger, C. G., 2016, a.a.O., S. 12-14, S. 337-342.

(2) 社会(Sozial)について以下を参照．岡田英己子(2005)，「ドイツの福祉に社会(sozial)の冠が付く時――社会事業の登場」，若尾祐司・井上茂子編著『近代ドイツの歴史――18世紀から現代まで』ミネルヴァ書房，219-220頁．辻英史(2016)，「社会国家の縮減か，拡大か――『福祉の複合体』の過去・現在・未来」，辻英史・川越修編，前掲書，3-28頁.

(3) ジェイムズの平和思想は，社会貢献活動と学習を組み合わせる教育手法「サービスラーニング」の源流の一つであり，同時に，「アメリコー(AmeriCorps)」をはじめとするアメリカのボランティア推進事業(ナショナル・サービス)の原点でもある．ただしナショナル・サービスに関しては，国家への奉仕精神を高め，戦争へと向かう装置として機能した可能性も指摘されている．村上徹也(2009)，「アメリカにおけるサービスラーニングの発展」，桜井政成・津止正敏編著，前掲書，236-257頁.

(4) Krüger, C. G., 2016, a.a.O., S. 33-40.

(5) 石田勇治(2015)，『ヒトラーとナチ・ドイツ』講談社現代新書，214-217頁.

(6) Krüger, C. G., 2016, a.a.O., S. 41-51.

(7) 労働奉仕をはじめナチ時代の政策について以下を参照．井上茂子(2005)，「ナチズム体制」，若尾祐司・井上茂子編著，前掲書，221-249頁．石田勇治(2015)，前掲書．小野寺拓也・田野大輔(2023)，『検証 ナチスは「良いこと」もしたのか？』岩波ブックレット.

(8) Krüger, C. G., 2016, a.a.O., S. 99-127.

(9) 寺田佳孝(2014)，『ドイツの外交・安全保障政策の教育――平和研究に基づく新たな批判的観点の探求』風間書房，18-20頁.

(10) Deutscher Bundestag, *Drucksache IV/2138*, a.a.O., S. 1-2.

(11) たとえば1966年に連邦議会が発表した「職業，家庭，社会における女性の状況に関する報告書」においてFSJは「家庭と社会における女性の役割への準備」にかかわる教育の一環，と位置づけられている．Deutscher Bundestag, 1966, „Bericht der Bundesregierung über die Situation der Frauen in Beruf, Familie und Gesellschaft", *Drucksache V/909*, 14. 09. 1966, S. 209-210.

(12) Krüger, C. G., 2016, a.a.O., S. 130-148.

(13) Deutscher Bundestag, *Drucksache IV/986*, 14. 02. 1963.

(14) Deutscher Bundestag, *Plenarprotokoll 4/66 und 67*, 15. 03. 1963, S. 3057-3058, *Drucksache IV/2138*, a.a.O.

(15) Deutscher Bundestag, *Plenarprotokoll 4/124*, 29. 04. 1964, S. 5970-5972.

(16) 「何人も，その良心に反して，武器をもってする軍務を強制されてはならない」(高田敏・初宿正典編訳(2007)，『ドイツ憲法集〔第5版〕』信山社，214頁)．

(17) 市川ひろみ(2007)，「兵役拒否の社会的展開――東西・統一ドイツにおける兵役拒否」『兵役拒否の思想――市民的不服従の理念と展開』明石書店，106-165頁．

(18) Krüger, C. G., 2016, a.a.O., S. 263-327.

(19) ユーケッターが指摘するように，環境運動に関する研究の方向性は分析の時期が第二次世界大戦の前か後かで大きく異なる．戦後については，環境政策の進展における環境運動の役割が分析される一方，戦前については，環境運動の起源をめぐる議論が続いており，とりわけナチズムとの関係については未だ見解の一致がみられていない．ここでは戦後の環境運動に照準を合わせて議論を進める．Uekötter, Frank, 2007, *Umweltgeschichte im 19. und 20. Jahrhundert*, Oldenbourg(＝服部伸・藤原辰史・佐藤温子・岡内一樹訳(2014)，『ドイツ環境史――エコロジー時代への途上で』昭和堂，114頁)．

(20) 青木聡子(2013)，『ドイツにおける原子力施設反対運動の展開――環境志向型社会へのイニシアティヴ』ミネルヴァ書房，4-8頁．

(21) 井関正久(2016)，「統一ドイツにおける抗議運動の専門化と制度内化――対決から対話へ」『戦後ドイツの抗議運動――「成熟した市民社会」への模索』岩波書店，115-144頁．

(22) 西田慎(2012)，「反原発運動から緑の党へ――ハンブルクを例に」，若尾祐司・本田宏編『反核から脱原発へ――ドイツとヨーロッパ諸国の選択』昭和堂，116-154頁．

(23) Markham, William T., 2005, "Networking local environmental groups in

Germany: The rise and fall of the federal alliance of citizens' initiatives for environmental protection (BBU)", *Environmental Politics*, 14(5) : 667-685.

(24) 坪郷實(2009),『環境政策の政治学――ドイツと日本』早稲田大学出版部.

(25) Schreurs, Miranda A., 2002, *Environmental Politics in Japan, Germany, and the United States*, Cambridge University Press(＝長尾伸一・長岡延孝監訳(2007),『地球環境問題の比較政治学――日本・ドイツ・アメリカ』岩波書店).

(26) ワイトナー, ヘルムート(2014),「環境政策の盛衰――日本とドイツの場合」(大久保規子訳)『環境と公害』44(2) : 63-70.

(27) 緑の党の正式名称は1993年以来「同盟90／緑の党(Bündnis 90 / Die Grünen)」である. 同盟90は1990年の連邦議会選挙に際して結集した東ドイツ地区の市民運動をまとめた組織の名称であり, 1993年に西側の緑の党と統合し一つの政党となった. ドイツの通称では「同盟90」を省略することが多いことから, 本書では1993年以後の同党を指す場合でも「緑の党」を用いている. 森井裕一(2024),『現代ドイツの外交と政治(第2版)』信山社, 114-116頁.

(28) 喜多川進(2015),「1980年代ドイツにおける大気汚染防止政策の推進背景――大規模焼却施設令をめぐる動向を中心に」, 寺尾忠能編『資源環境政策に関わる法制度・行政組織の形成と運用』アジア経済研究所, 1-12頁.

(29) Schuchardt, Erika, 1991, *Aufbruch Freiwilliges Ökologisches Jahr. Abschlußbericht der wissenschaftlichen Begleitforschung. Modellprojekt FÖJ in Niedersachsen 1988-1991 des Niedersächsischen Umweltministerium im Auftrage des Bundesministers für Frauen und Jugend*, Hannover: Universität Hannover, S. 30-44.

(30) 「被造世界」の概念は, ドイツのカトリック司教協議会とドイツ福音教会による1985年の共同声明「被造世界に責任を負うこと(Verantwortung wahrnehmen für die Schöpfung)」にも掲げられているように, 環境問題をめぐる教会としての取り組みの原点であり, 思想的な基盤である. 木村護郎クリストフ(2016),「キリスト教会はなぜ, そしてどのように環境問題に関わろうとするのか――ドイツの事例から」『上智ヨーロッパ研究』8 : 43-59.

(31) Schuchardt, Erika, 1991, a.a.O., S. 36-37.

(32) 中野智世(2016), 前掲書, 153頁.

(33) Niedersächsischer Landtag, *Drucksache 11/2271*, 01. 03. 1988.

(34) 「補完性」概念の両義性について以下を参照. 遠藤乾(2013),『統合の終焉――EUの実像と論理』岩波書店, 293-323頁.

(35)　Niedersächsischer Landtag, *Drucksache 11/2637*, 10. 06. 1988.

(36)　特にシュレスヴィヒ・ホルシュタイン州のCDU青年グループからの要求が強かった．Goos, Hinrich, 2015, „Das Freiwillige Ökologische Jahr und seine Akteure", Landschaftsverband Rheinland, *Jugendhilfereport,* 2 : 26–28.

(37)　Schuchardt, Erika, 1991, a.a.O., S. 32–33.

(38)　Resing, Volker, 2011, *Werner Remmers. Die Kraft des politischen Katholizismus*, Freiburg im Breisgau: Herder.

(39)　Niedersächsischer Landtag, *Drucksache 11/1515,* 01. 10. 1987, *11/1530,* 05. 10. 1987, *Plenarprotokoll 11/34,* 14. 10. 1987. Stadt Lingen Ems, „Archivalie des Monats: Tschernobyl und Molkepulver", 04. 05. 2016, 〈https://www.lingen.de/Newsmeldungen/lingen_aktuell/archivalie_des_monats_42.html〉.

(40)　西田慎(2012)，前掲書，125–126頁.

(41)　なお緑の党の勢力拡大によって原子力施設をはじめとする問題が議会制民主主義の制度の内側で対応されるようになったことに加え，東西ドイツ統一により失業を中心とした労働問題，経済問題が顕在化したことにより，1990年代に入ると反原子力関連の抗議行動そのものは沈静化している．青木聡子(2013)，前掲書，81–82頁.

(42)　Deutscher Bundestag, 1992, *Plenarprotokoll 12/127*, 09. 12. 1992, S. 10978–10979.

(43)　連邦参議院(Bundesrat)は連邦を構成する一六の州の政府から成り，基本法の規定により州の権限にかかわる事項については，連邦議会とともに立法権限をもっている．森井裕一(2024)，前掲書，16–19頁.

(44)　Bundesrat, *Plenarprotokoll 652*, 12. 02. 1993, S. 32, S. 63–65.

(45)　Deutscher Bundestag, *Drucksache 12/4716*, 13. 04. 1993, S. 19. 基本法第104a条1項は，「連邦及びラントは，この基本法に特別の定めのある場合を除いて，その任務を引き受けることにより生ずる経費を別々に負担する」と定めている．高田敏・初宿正典編訳(2007)，前掲書，274頁.

(46)　Lonny, Frank, 2015, „20 Jahre Freiwilliges Ökologisches Jahr in Nordrhein-Westfalen: Eine Erfolgsgeschichte", Landschaftsverband Rheinland, *Jugendhilfereport*, 2 : 7–10.

(47)　1990年のドイツ再統一に伴い，旧東ドイツ地域にあったメクレンブルク・フォアポンメルン州，ブランデンブルク州，ザクセン・アンハルト州，ザクセン州，テューリンゲン州がドイツ連邦共和国(旧西ドイツ)に新たに加盟した.

(48)　BMFSFJ, 1996, *Abschlußbericht zum Freiwilligen Ökologischen Jahr,*

Stuttgart / Berlin / Köln: Kohlhammer, S. 152.

(49) 欧州社会基金は，EU域内の地域間格差是正のため1958年に創設された基金であり，雇用に関するプロジェクト，人的資源の育成，職業訓練，若者や失業者の就労支援などの就労・教育機会の支援をおこなっている．

(50) ドイツ連邦環境財団は1990年に設立されたヨーロッパで最大規模の財団であり，中小企業を中心に環境保護に貢献する技術革新を支援する他，奨学金プログラムやドイツ環境賞の授与もおこなっている．

(51) Walk, Heike, 2010, „Umweltengagement: Im Spannungsfeld zwischen nachhaltiger Entwicklung und ökologischer Modernisierung", in Olk, Thomas, *et al.* (Hrsg.), a.a.O., S. 592-608.

(52) *Gesetz zur Änderung des Gesetzes zur Förderung eines freiwilligen sozialen Jahres und anderer Gesetze*, 27. 05. 2002, BGBl. I S. 1667.

(53) *Gesetz über den Zivildienst der Kriegsdienstverweigerer*, 17. 12. 2006, BGBl. I S. 3171.

(54) BMFSFJ, 2006, „Ergebnisse der Evaluation des FSJ und FÖJ. Abschlussbericht des Instituts für Sozialforschung und Gesellschaftspolitik e. V. ", S. 129-132.

(55) Bund der Deutschen Katholischen Jugend, 2001, „Stellungnahme zum Entwurf eines Gesetzes zur Änderung des Gesetzes zur Förderung eines Freiwilligen Sozialen Jahres und anderer Gesetze", *FORUM Jugendhilfe*, 4: 27-29.

(56) 連邦家族省の委託調査でも1990年代には既に言及されており，州のモデル計画や受入団体・運営団体の意見表明では，さらに前から改善すべき点として挙げられている．BMFSFJ, 1998, *Untersuchung zum Freiwilligen Sozialen Jahr*, Stuttgart / Berlin / Köln: Kohlhammer, S. 67, S. 183. BMFSFJ, 1996, a.a.O., S. 27-28, S. 158. Balzer, Brigitte / Lake, Andreas / Lauenstein, Ursula, 1995, *Modellversuch Freiwilliges ökologisches Jahr in Schleswig-Holstein im Auftrag des schleswig-holsteinischen Ministeriums für Natur und Umwelt und des Bundesministeriums für Frauen und Jugend. Abschlußbericht der wissenschaftlichen Begleitforschung über die Modelljahre 1991/92 bis 1993/94*, Jugendpfarramt der Nordelbischen Ev.-Luth. Kirche / FÖJ-Verwaltungsstelle, S. 17-18.

(57) Kommission Jungendgemeinschaftsdienste in Deutschland und Europa, 1998, *Jugend erneuert Gemeinschaft. Manifest für Freiwilligendienste in Deutschland und Europa*, Stuttgart.

(58) BMFSFJ, 2000, *Empfehlungen der vom BMFSFJ eingerichteten Arbeitsgruppe „Zukunft des Zivildienstes"*, 14. 09. 2000.

(59) Deutscher Bundestag, *Drucksache 14/8634*, 20. 03. 2002.

(60) BMFSFJ, 2004, *Perspektiven für Freiwilligendienste und Zivildienst in Deutschland. Bericht der Kommission Impulse für die Zivilgesellschaft*, 15. 01. 2004, S. 55-56.

(61) BMFSFJ, 2006, a.a.O., S. 253-254.

(62) 青年ボランティア制度(環境保護分野)運営主体連邦代表(Bundesarbeitskreis Freiwilliges Ökologisches Jahr), ヒンリヒ・ゴース氏への聞き取り調査, 2006年12月4日.

(63) BMFSFJ, 2006, a.a.O., S. 156-157.

(64) Bundesnetzwerk Bürgerschaftliches Engagement(BBE), 2004, *Stellungnahmen zum Bericht der »Impulse-Kommission«*.

(65) BMFSFJ, 2006, a.a.O., S. 49. BMFSFJ, 2000, *Richtlinien von 19. 12. 2000, Kinder- und Jugendplan des Bundes(KJP)*.

(66) BMFSFJ, 2006, a.a.O., S. 46.

(67) 社会学・社会政策研究所(Otto-Blume-Institut für Sozialforschung und Gesellschaftspolitik e.V. (ISG)), ディートリヒ・エンゲルス博士への聞き取り調査, 2006年12月6日.

(68) Balzer, Brigitte, *et al.*, 1995, a.a.O., S. 1-16.

(69) Deutscher Bundestag, *Drucksache 12/4716*, a.a.O.

(70) Ministerium für Natur und Umwelt des Landes Schleswig-Holstein, 1995, *Vertrag der zwischen dem Land Schleswig-Holstein und der Nordelbischen Ev.-Luth. Kirche*, 12. 01. 1995.

(71) Ministerium für Umwelt, Natur und Forsten des Landes Schleswig-Holstein, 1999, *Vertrag der zwischen dem Land Schleswig-Holstein und der Nordelbischen Ev.-Luth. Kirche*, 31. 05. 1999.

(72) Ministerium für Umwelt, Natur und Forsten des Landes Schleswig-Holstein, 2001, *Ergänzungsvertrag der zwischen dem Land Schleswig-Holstein und der Nordelbischen Ev.-Luth.Kirche*, 22. 06. 2001.

(73) Ministerium für Umwelt, Naturschutz und Landwirtschaft des Landes Schleswig-Holstein, 2004, *Vertrag der zwischen dem Land Schleswig-Holstein und der Nordelbischen Ev.-Luth. Kirche*, 10. 06. 2004 / *Vertrag der zwischen dem Land Schleswig-Holstein und der Trägergemeinschaft für das FÖJ am Nationalpark Schleswig-Holsteinisches Wattenmeer*, 21. 07. 2004.

(74) SSW はデンマーク系少数民族を代表する政党である．ドイツの議会制度は，選挙における政党の得票率が国全体で集計した場合に 5% を超えていないと比例代表の議席を与えないという，いわゆる「5% 条項」を導入している．これはワイマール共和国時代にナチスの台頭を許した過去の反省から，小政党の乱立による政治の不安定化を防ごうとするものである．ただし少数民族については 5% 条項が適用されないため，SSW は得票率 5% 以下でありながら SH 州の州議会に代表を送っている．森井裕一(2024)，前掲書，9-13 頁．小峰総一郎(2007)，『ドイツの中の《デンマーク人》——ニュダールとデンマーク系少数者教育』学文社．

(75) SH 州環境省(Ministerium für Landwirtschaft, Umwelt und ländliche Räume des Landes Schleswig-Holstein)，S 氏への聞き取り調査，2006 年 12 月 5 日．

(76) FÖJ-Ausschuss Schleswig-Holstein, 2005, *Freiwilliges Ökologisches Jahr (FÖJ) in Schleswig-Holstein(FÖJ-Konzeption Schleswig-Holstein)*, Jugendpfarramt der Nordelbischen Ev.-Luth. Kirche FÖJ-Verwaltungsstelle, 19. 01. 2005.

(77) S 氏，2006 年 12 月 5 日．

(78) ゴース氏，2006 年 12 月 4 日．

(79) FÖJ-Ausschuss Schleswig-Holstein, 2004, *Seminarkonzeption*, Jugendpfarramt der Nordelbischen Ev.-Luth. Kirche FÖJ-Verwaltungsstelle.

(80) Pfeuffer, Frank / Engels, Dietrich / Machalowski, Gerhard, 2006, *Forschungsauftrag des Ministeriums für Landwirtschaft, Umwelt und ländliche Räume des Landes Schleswig-Holstein(MLUR): Evaluation der FÖJ-Seminare in Schleswig-Holstein -Abschlussbericht-*, Köln: Institut für Sozialforschung und Gesellschaftspolitik e.V. (ISG), S. 168-169.

(81) SH 州環境省，S 氏への聞き取り調査，2007 年 9 月 12 日．

(82) 2005/2006 年度の SH 州における参加者 150 名に対する調査によれば，回答を得られた 139 名のうち男性は 27 名，うち 14c 条利用者は 3 名であった．Pfeuffer, Frank, *et al.*, 2006, a.a.O., S. 117-118.

(83) S 氏，2007 年 9 月 12 日．

(84) Ministerium für Landwirtschaft, Umwelt und ländliche Räume des Landes Schleswig-Holstein, 2007, *Änderungsvertrag der zwischen dem Land Schleswig-Holstein und der Nordelbischen Ev.-Luth. Kirche*, 29. 06. 2007, *Änderungsvertrag der zwischen dem Land Schleswig-Holstein und der Trägergemeinschaft für das FÖJ am Nationalpark Schleswig-Holsteinisches*

Wattenmeer, 21. 06. 2007.

(85) FÖJ-Betreuungsstelle Schleswig-Holstein, 2004, *FÖJ-ABC*, Jugendpfarramt der Nordelbischen Ev.-Luth. Kirche FÖJ-Betreuungsstelle. FÖJ-Betreuungsstelle Schleswig-Holstein, 2007, *Merkblatt Freiwilliges Ökologisches Jahr(FÖJ) in Schleswig-Holstein für TeilnehmerInnen, Eltern und Einsatzstelle*, Jugendpfarramt der Nordelbischen Ev.-Luth. Kirche FÖJ-Betreuungsstelle.

(86) Deutscher Bundestag, *Drucksache 14/8900*, a.a.O.

(87) CDU / CSU / FDP, 2009, *Koalitionsvertrag zwischen CDU, CSU und FDP, „Wachstum, Bildung, Zusammenhalt"*, 26. 10. 2009. S. 124.

(88) Biehl, Heiko / Giegerich, Bastian / Jonas, Alexandra, 2011, „Aussetzung der Wehrpflicht. Erfahrungen und Lehren westlicher Partnerstaaten", *Aus Politik und Zeitgeschichte*, 61(48) : 31-38.

(89) Steinbach, Peter, 2011, „Zur Geschichte der Wehrpflicht", *Aus Politik und Zeitgeschichte*, 61(48) : 8-15.

(90) Longhurst, Kerry, 2003, "Why aren't the Germans debating the draft? Path dependency and the persistence of conscription", *German Politics*, 12 (2) : 147-165.

(91) Meyer, Berthold, 2011, „Vom Ende her denken. Bundeswehrreform und Parteiendemokratie", *Aus Politik und Zeitgeschichte*, 61(48) : 16-23.

(92) 市川ひろみ(2002),「ドイツにおける徴兵制の変容――国家と個人の相克」『広島平和科学』24 : 223-239. フールト, フォルカー(2004),「徴兵制と良心的兵役拒否――ドイツの場合」(田中美由紀訳), 佐々木陽子編著『兵役拒否』青弓社, 33-48 頁.

(93) Jax, Claudio, 2006, *Von der Pflicht zur Freiwilligkeit: Möglichkeiten und Grenzen der Kompensation des Zivildienstes durch Freiwilligendienste*, Berlin: Dietz.

(94) Meyer, Berthold, 2011, a.a.O.

(95) 森井裕一(2005),「ドイツ連邦共和国と EU」, 森井裕一編『国際関係の中の拡大 EU』信山社, 155-181 頁. 森井裕一(2006),「メルケル政権の外交政策――ドイツ外交の継続性と変容」『国際問題』555 : 29-38.

(96) Statistisches Bundesamt, 2007, *Statistisches Jahrbuch 2007. Für die Bundesrepublik Deutschland*, S. 44.

(97) Deutscher Bundestag, *Drucksache 16/760*, 24. 02. 2006.

(98) 石井五郎(2003),「ドイツ非軍事役務法(Zivildienstgesetz — ZDG)」『外

国の立法』217：75-114. *Wehrpflichtgesetz*, 30. 5. 2005, BGBl. I S. 1465. *Gesetz über den Zivildienst der Kriegsdienstverweigerer*, a.a.O., BGBl. I S. 3171.

(99) Deutscher Bundestag, *Drucksache 17/1953*, 08. 06. 2010. Steinbach, Peter, 2011, a.a.O., S. 15.

(100) 森井裕一(2012),「ドイツの安全保障文化の変容——連邦軍と徴兵制をめぐる議論を中心として」『国際政治』167：88-101.

(101) Meyer, Berthold, 2011, a.a.O.

(102) Bundesrat, *Drucksache 576/10*, 21. 09. 2010.

(103) Bundesrat, *Plenarprotokoll 874. Sitzung*, 24. 09. 2010, S. 316-318.

(104) Bundesrat, *Drucksache 567/10*, 21. 09. 2010.

(105) Bundesrat, *Plenarprotokoll 876. Sitzung*, 05. 11. 2010, S. 409-410.

(106) Bundesrat, *Drucksache 576/3/10*, 04. 11. 2010.

(107) Bundesrat, *Drucksache 849/10*, 31. 12. 2010.

(108) Bundesrat, *Plenarprotokoll 879. Sitzung*, 11. 02. 2011, S. 3-7.

(109) Deutscher Bundestag, *Drucksache 17/4803*, 17. 02. 2011.

(110) Deutscher Bundestag, *Drucksache 17/4692*, 09. 02. 2011.

(111) Deutscher Bundestag, *Drucksache 17/4845*, 22. 02. 2011.

(112) Strukturkommission der Bundeswehr (Hrsg.), 2010, *Vom Einsatz her denken — Konzentration, Flexibilität, Effizienz*, Berlin, S. 28.

(113) Deutscher Bundestag, *Plenarprotokoll 17/93*, 24. 02. 2011, S. 10486-10500.

(114) Deutscher Bundestag, *Drucksache 17/5249*, 23. 03. 2011.

(115) Deutscher Bundestag, *Drucksache 17/4692*, a.a.O.

(116) Deutscher Bundestag, *Drucksache 17/2117*, 16. 06. 2010, *Drucksache 17/3429*, 26. 10. 2010.

(117) Deutscher Bundestag, *Drucksache 17/3436*, 27. 10. 2010.

(118) Deutscher Bundestag, *Drucksache 17/4845*, a.a.O.

(119) Deutscher Bundestag, *Plenarprotokoll 17/99*, 24. 03. 2011, S. 11314-11330.

(120) Rix, Sönke / Fischer, Anne-Katrin, 2015, „Spannende Zeiten für die Freiwilligendienste", in Bibisidis, Thomos, *et al.* (Hrsg.), a.a.O., S. 27-39.

第 3 章

(1) 内海成治(2014), 前掲書, 6-10 頁.

(2) 内閣府(2023),『2022 年度(令和 4 年度)市民の社会貢献に関する実態調査

報告書』，12 頁.

(3)　入江幸男(1999)，「ボランティアの思想――市民的公共性の担い手としてのボランティア」，内海成治・入江幸男・水野義之編『ボランティア学を学ぶ人のために』世界思想社，4-21 頁.

(4)　内海成治(2014)，前掲書，18-20 頁.

(5)　本間龍(2018)，前掲書.

(6)　猪瀬浩平(2020)，前掲書.

(7)　仁平典宏(2011)，前掲書.

(8)　ただし，この調査項目は主に，選挙にかかわる活動や政党の支援活動を対象としており，後述する社会運動や抗議行動すべてを含むものではない. Simonson, Julia, *et al.* (Hrsg.), 2021, a.a.O.

(9)　猪瀬浩平(2015)，『むらと原発――窪川原発計画をもみ消した四万十の人びと』農山漁村文化協会.

(10)　「政府の政策決定に影響を与えるべく意図された一般市民の活動」と定義される．蒲島郁夫(1988)，『政治参加』東京大学出版会，3 頁.

(11)　「公的な状況の一部ないし全体を変革しようとする非制度的な組織活動」と定義される．片桐新自(1995)，『社会運動の中範囲理論――資源動員論からの展開』東京大学出版会，73 頁.

(12)　石田勇治・川喜田敦子・平松英人・辻英史編(2020)，『ドイツ市民社会の史的展開』勉誠出版，i-iv 頁．なお日本語の「市民参加」は「市民が地域的公共的課題の解決に向けて，行政や社会等に対して何らかの影響を与えようとする行為」(高橋秀行・佐藤徹編著(2013)，『新説市民参加(改訂版)』公人社，6 頁)と定義され，「政治参加」に類似する概念として用いられる．山田真裕(2016)，前掲書，16-18 頁.

(13)　山田真裕(2016)，前掲書，18-22 頁.

(14)　辻英史(2016)，前掲書，3-28 頁.

(15)　Neumann, Daniela, 2016, *Das Ehrenamt nutzen. Zur Entstehung einer staatlichen Engagementpolitik in Deutschland*, Bielefeld: transcript Verlag.

(16)　Olk, Thomas, *et al.*(Hrsg.), 2010, a.a.O.

(17)　井関正久(2005)，『ドイツを変えた 68 年運動』白水社，13 頁.

(18)　青木聡子(2013)，前掲書，233-239 頁，244-247 頁.

(19)　Deutscher Bundestag, *Drucksache 14/8900*, a.a.O., S. 151-157.

(20)　学校外教育は，ユネスコで提唱された「生涯学習」の概念にあたり，学校，職業訓練，高等教育機関等における定型教育(formale Bildung)の範囲外でおこなわれる教育分野として整理された．学校外教育は，規格化はされていない

が組織的な教育枠組みの下でおこなわれる不定型教育(non-formale Bildung)と，日常生活における家庭，近所，メディア等を通した非定型教育(informelles Lernen)に分類されるが，ここでは不定型教育を主に扱っている．なお日本では，生涯教育のうち，学校外の組織的な教育枠組みを「社会教育」と呼ぶことが多い．Bundesministerium für Bildung und Forschung(Hrsg.), Rauschenbach, Thomas / Leu, Hans Rudolf / Lingenauber, Sabine / Mack, Wolfgang / Schilling, Matthias / Schneider, Kornelia / Züchner, Ivo, 2004, *Konzeptionelle Grundlagen für einen Nationalen Bildungsbericht — Non-formale und informelle Bildung im Kindes- und Jugendalter*. Bonn: Bundesministerium für Bildung und Forschung. 吉田武男監修，手打明敏・上田孝典編著(2019)，『社会教育・生涯学習』ミネルヴァ書房，1-13 頁.

(21) *Gesetz zur Förderung von Jugendfreiwilligendiensten* vom 16. 05. 2008, BGBl. I S. 842, §§ 3 und 4, Abs. 2.

(22) Ebd., § 1, Abs. 1.

(23) *Gesetz über den Bundesfreiwilligendienst* vom 28. 04. 2011, BGBl. I S. 687, § 1, Abs. 1.

(24) 青木聡子(2017)，前掲書.

(25) Imamura, Mitsuyuki, 2017, “Beyond the Limitations of Environmental Education in Japan”, *Educational Studies in Japan: International Yearbook*, 11 : 3-14. ただし近年，公害教育を再評価し，教育実践に取り入れようとする試みもおこなわれている.

(26) 名嶋義直・神田靖子編(2020)，『右翼ポピュリズムに抗する市民性教育——ドイツの政治教育に学ぶ』明石書店，iii-iv 頁.

(27) 藤井基貴・生澤繁樹(2013)，「『防災道徳』の授業開発に関する研究——『道徳教育』と『防災教育』をつなぐ授業理論と実践」『静岡大学教育実践総合センター紀要』21 : 91-101.

(28) 玉城直美(2019)，「主体的な主権者教育を育むための一考察——#みんなごと　若者が考える(沖縄県)知事選の実践記録を中心に」『ボランティア学研究』19 : 45-58.

(29) 木部尚志(2020)，「政治教育について考える——右翼ポピュリズム，民主主義，教育」，名嶋義直・神田靖子編，前掲書，200 頁.

(30) 近藤孝弘(2020)，「ドイツの政治教育——この政治的で歴史的なもの」，名嶋義直・神田靖子編，前掲書，4-7 頁，13-16 頁.

(31) 近藤孝弘(2017)，「政治教育への期待をめぐる考察——ドイツとオーストリアの比較から」『ドイツ研究』51 : 43-55.

（32） 西山暁義(2020)，「ドイツにおける歴史教育と『負の過去』——戦後からの展開と現在の課題」，名嶋義直・神田靖子編，前掲書，142-168 頁.

（33） 川喜田敦子(2005)，『ドイツの歴史教育』白水社，136-143 頁.

（34） 中川慎二(2020)，「戦後ドイツの民主化と連邦政治教育センター」，名嶋義直・神田靖子編，前掲書，22-35 頁．Hentges, Gudrun, 2012, „Neuanfang staatlicher politischer Bildung: Die Bundeszentrale für Heimatdienst 1952-1963", *Aus Politik und Zeitgeschichte*, 62(46-47) : 35-43.

（35） 寺田佳孝(2020)，「ドイツの政治教育における『民主主義』の学習とジュニア選挙——個人の主体性および教育と政治の関係性をめぐる難題」，名嶋義直・神田靖子編，前掲書，266-291 頁.

（36） Widmaier, Benedikt, 2012, „Außerschulische politische Bildung nach 1945 — Eine Erfolgsgeschichte?", *Aus Politik und Zeitgeschichte*, 62(46-47) : 9-16.

（37） Bludau, Marie / Overwien, Bernd, 2012, „Kooperation zwischen Schulen und außerschulischen Trägern in der politischen Bildung", *Polis*, 2 : 16-18.

（38） Widmaier, Benedikt, 2012, a.a.O.

（39） Brombach, Hartmut, 2014, „Freiwilligendienste als Bildung", *Journal für politische Bildung*, 2 : 137-145.

（40） Wohnig, Alexander, 2020, „Zwischen neoliberaler Aktivierung und politischem Empowerment : Politische Bildung mit dem Ziel und Gegenstand ‚Engagement'", *Voluntaris*, 8(1) : 88-101.

（41） BMFSFJ(Hrsg.), 2015, a.a.O.

（42） Schlicht, Julia / Maedler, Jens, 2021, „Freiwilligendienste als Orte politischer Bildung: Erkenntnisse aus dem 16. Kinder- und Jugendbericht", *Voluntaris*, 9(1) : 173-180.

（43） BUND, 2017, *BUND-Jahresbericht 2016*.

（44） NABU, 2015, *BFD Campus. Das Seminarkonzept für Bundesfreiwillige im Natur- und Umweltschutz*, Berlin, S. 9-10. ただし，ここで示されている農業に関するデモ「もうたくさんだ！(Wir haben es satt!)」は，環境保護団体等が企画し，2011 年から毎年開催されている大規模なデモであり，ボランティア制度の参加者が直接，企画にかかわっているわけではない．Wir haben es satt! ホームページ，〈https://www.wir-haben-es-satt.de/〉.

（45） NABU, 〈https://www.nabu.de/wir-ueber-uns/organisation/geschichte/〉. Uekötter, Frank, 2006, *The green and the brown : a history of conservation in Nazi Germany*, Cambridge University Press(＝和田佐規子訳(2015)，『ナチス

と自然保護――景観美・アウトバーン・森林と狩猟』築地書館).

(46) Cornelsen, Dirk, 1991, *Anwälte der Natur: Umweltschutzverbände in Deutschland*, München: Beck.

(47) NABU, 2017, *NABU-Jahresbericht 2016*.

(48) NABU, 2015, a.a.O.

(49) Hennig, Dirk, 2022, „Die Entstehung der ökologischen und politischen Bildung in der FÖJ-Pädagogik als besondere Form der Bildung für nachhaltige Entwicklung“, *Voluntaris*, 10(1) : 125–143.

(50) 青年ボランティア制度(環境保護分野)の運営主体らは，2001年より毎年，全体会合(Bundesarbeitskreis)を続けてきたが，情報共有や利害の集約を効果的におこなうため，連邦ボランティア制度で環境保護分野の運営を担う団体らも加え，2008年に環境保護分野のボランティア制度支援団体(Förderverein Ökologische Freiwilligendienste e. V.: FÖF)として法人格を得た.

(51) なお，参加者代表が州管轄省庁，環境保護団体，青年団体から成る委員会に一票の共同決定権をもって参加する独自の発展を遂げた州も存在する．渡部聡子(2016),「ドイツの市民参加促進制度における経路依存性の検討――シュレースヴィヒ・ホルシュタイン州とハンブルクを事例として」『ヨーロッパ研究』16 : 5–17頁.

(52) BMFSFJ, 2013, Fachtagung „Freiwillig gestalten — erste Evaluationsergebnisse und aktuelle Entwicklungen der Freiwilligendienste“, *Tagungsdokumentation*, Berlin, 18.–19. 11. 2013.

(53) Hennig, Dirk, 2017, „BNE als Lernziel in den Freiwilligendiensten am Beispiel Freiwilliges Ökologisches Jahr (FÖJ)“, Beitrag auf dem Landeskongress Bildung für nachhaltige Entwicklung. Zukunftsperspektiven für Rheinland-Pfalz, 07. 06. 2017, Universität Koblenz-Landau.

(54) Alumni-Netzwerk der Freiwilligendienste Schleswig-Holstein e. V., 〈https://engagiert-in-sh.de/freiwilligendienste/alumni-netzwerk/〉.

(55) Watt° N, 〈https://www.wattn.de/〉. ワッデン海は，世界最大の干潟としてユネスコ世界自然遺産に登録されており，オランダ，ドイツ，デンマークが協力して保護と保全にあたっている.

(56) FÖJ-AKTIV e.V., 2021, *Satzung des Vereins FÖJ-AKTIV e.V.* 2021年11月7日付の会員総会で承認された現行の定款はホームページで全文が公開されている〈https://foej-aktiv.de/downloadbereich/〉.

(57) 非営利団体「アクティヴな環境保護分野のボランティア制度(FÖJ-AKTIV e.V.)」，理事のA氏への聞き取り調査，2019年6月17日.

(58) FÖJ-AKTIV e.V., 〈https://foej-aktiv.de/vorstandsnews/〉.
(59) Bundesaktionstag des FÖJ, 〈https://bat.foej.net/〉.
(60) Youth and Environment Europe (YEE), 〈https://yeenet.eu/〉.
(61) BUND Kreisgruppe Göttingen, 〈https://www.bund-goettingen.de/service/aktionen/europawahlen-2019/〉.
(62) eFÖJ-Verteiler, 〈https://foej-aktiv.de/efoej/〉.
(63) FrÖJndebuch, 〈https://foej-aktiv.de/froejndebuch〉.
(64) Kultur auf Knopfdruck, 〈https://www.kultur-auf-knopfdruck.de〉.
(65) Balzer, Brigitte, *et al.*, 1995, a.a.O.
(66) A 氏，2019 年 6 月 17 日.
(67) Bonus, Stefanie / Schäfer, Stefan / Vogt, Stefanie, 2019, „Non-formale Bildung in nationalen Freiwilligendiensten — zwischen beruflicher Orientierung und kritisch-emanzipatorischem Anspruch", *Voluntaris*, 7(1) : 8–21.
(68) Operationelles Programm ESF Berlin 2014–2020, S. 169 (Stand: 14. 05. 2020), 〈https://www.berlin.de/sen/wirtschaft/gruenden-und-foerdern/europaeische-strukturfonds/esf-foerderperiode-2014-2020/informationen-fuer-verwaltungen-partner-eu/artikel.104921.php〉.
(69) Deutscher Bundestag, *Drucksache 19/24200*, 11. 11. 2020, S. 454–456.
(70) Wohnig, Alexander, 2017, *Zum Verhältnis von sozialem und politischem Lernen. Eine Analyse von Praxisbeispielen politischer Bildung*, Wiesbaden: Springer, S. 64–67.
(71) Wohnig, Alexander, 2020, a.a.O., S. 96–98.
(72) Institut für berufliche Bildung, Arbeitsmarkt- und Sozialpolitik GmbH (INBAS), 2022, *Bericht: Evaluation der Kompetenzvermittlung im Freiwilligen Ökologischen Jahr in Berlin*, Offenbach am Main: INBAS, S. 94.

第 4 章

(1) United Nations (Department of Economic and Social Affairs), 2016, *Report on the World Social Situation 2016: Leaving no one Behind: The Imperative of Inclusive Development*, United Nations Publications, pp. 17–31.
(2) 福原宏幸・中村健吾・柳原剛司編(2020)，『岐路に立つ欧州福祉レジーム——EU は市民の新たな連帯を築けるか？』ナカニシヤ出版，ii–iii 頁.
(3) 法案成立時の発言より抜粋，注は筆者による．Deutscher Bundestag, *Plenarprotokoll 19/86*, 14. 03. 2019, S. 10079.
(4) Simonson, Julia, *et al.* (Hrsg.), 2021, a.a.O., S. 51–84.

注

(5) Deutscher Bundestag, *Drucksache 14/8900*, a.a.O.
(6) Simonson, Julia, *et al.* (Hrsg.), 2021, a.a.O., S. 18–31.
(7) *Gesetz zur Einführung einer Teilzeitmöglichkeit in den Jugendfreiwilligendiensten sowie im Bundesfreiwilligendienst für Personen vor Vollendung des 27. Lebensjahres* vom 06. 05. 2019, BGBl. I S. 644.
(8) Hilse-Carstensen, Theresa / Meusel, Sandra / Zimmermann, Germo (Hrsg.), 2019, *Freiwilliges Engagement und soziale Inklusion: Perspektiven zweier gesellschaftlicher Phänomene in Wissenschaft und Praxis*, Wiesbaden: Springer, S. 11–13.
(9) *Gesetz zur Förderung von Jugendfreiwilligendiensten* vom 16. 05. 2008, BGBl. I S. 842.
(10) *Gesetz über den Bundesfreiwilligendienst* vom 28. 04. 2011, BGBl. I S. 687.
(11) 森井裕一(2012), 前掲書.
(12) Deutscher Bundestag, *Drucksache 17/4803*, a.a.O., S. 1–2.
(13) Haß, Rabea / Beller, Annelie, 2013, „Experiment Altersöffnung: Politische Ziele und nicht-intendierte Folgen — empirische Befunde aus der Pionierphase des Bundesfreiwilligendienstes“, *Voluntaris*, 1(1) : 51–72.
(14) Huth, Susanne / Aram, Elisabeth / Engels, Dietrich / Franken, Judith, 2018, *Analyse der Bedeutung des Bundesfreiwilligendienstes in Ostdeutschland für Teilnehmerinnen und Teilnehmer ab 27 Jahren*, Studie im Auftrag des Bundesministeriums für Wirtschaft und Energie (BMWi) / des Beauftragten der Bundesregierung für die neuen Bundesländer.
(15) 連邦ボランティア制度では, 法律の条文に「労働市場中立性」が明記されている(§3 Abs. 1 Satz 2 BFDG). 青年ボランティア制度では, 「市民参加の特殊な形態」であり「若者の学習能力を促進する」(§1 Abs. 1 Satz 1 JFDG), 参加者は「収入の意図なく, 職業訓練やフルタイムの就労の範囲外で自発的に活動する」(§2 Abs. 1 JFDG), 「実践的な支援活動として, 教育の目的をもって」おこなわれ(§4 Abs. 1 JFDG), 「教育的指導を受けなければならない」(§§3 Abs. 2, 4 Abs. 2 JFDG), という条文の解釈から, 「労働市場中立性」が求められることが明らかとされている. Klenter, Peter, 2015, „Arbeitsmarktneutralität von Freiwilligendiensten und Mitbestimmungsrechte des Betriebsrates“, in Bibisidis, Thomas, *et al.* (Hrsg.), a.a.O., S. 151–166.
(16) Jakob, Gisela, 2015, „Zwischen Aufwertung und Indienstnahme. Zur gesellschaftlichen Bedeutung von Freiwilligendiensten“, in Bibisidis, Thomas, *et al.* (Hrsg.), a.a.O., S. 47–62.

(17) Autorengruppe Bildungsberichterstattung (Hrsg.), 2020, *Bildung in Deutschland 2020. Ein indikatorengestützer Bericht mit einer Analyse zu Bildung in einer digitalisierten Welt*, Bielefeld: wbv Publikation, S. 130-132 (Tab. D5-4web).

(18) Liebig, Reinhard, 2009, *Freiwilligendienste als außerschulische Bildungsinstitution für benachteiligte junge Menschen*, Wiesbaden: Springer.

(19) BMFSFJ (Hrsg.), 2015, a.a.O., S. 302-305.

(20) Deutscher Bundestag, *Drucksache 18/6185*, 29. 09. 2015, S. 17-18, S. 53, *Drucksache 18/6386*, 14. 10. 2015, S. 8-10.

(21) 「統合(Integration)」と「包摂(Inklusion)」は，同一視されがちだが区別されるべき概念である．「統合」は，特定の個人を既存の社会規範に「組み入れる」ことであり，同質的な社会を志向する．「包摂」は，社会的排除を回避するために立法や制度改革により社会構造を変化させ，特定の個人を社会に「包含する」ことであり，多様な社会を志向する．Hilse-Carstensen, Theresa, *et al.* (Hrsg.), 2019, a.a.O., S. 15-17.

(22) BMFSFJ, 2015, Aktuelle Meldung „‚Bundesfreiwilligendienst mit Flüchtlingsbezug' gestartet“, 24. 11. 2015.

(23) Bundesamt für Familie und zivilgesellschaftliche Aufgaben, 2016, „Merkblatt zum Sonderprogramm Bundesfreiwilligendienst mit Flüchtlingsbezug“, 15. 02. 2016.

(24) Jakob, Gisela, 2015, a.a.O., S. 51.

(25) *Frankfurter Allgemeine Zeitung*, „Flüchtlinge in den Freiwilligendienst“, 15. 09. 2015.

(26) 「承認の文化」という表現は，他の政策領域でも用いられる．難民政策の文脈では，「受け入れ社会が移民の統合の心構えをもって，ドイツ社会の文化的・宗教的な多様性を承認すること」(移民も，その前提として，ドイツのリベラルな価値を尊重すること)という意味で用いられている．昔農英明(2019)，「リベラルな価値に基づく難民保護のパラドックス——ドイツの『歓迎文化』が内包する排除の論理」，宮島喬・佐藤成基編『包摂・共生の政治か，排除の政治か——移民・難民と向き合うヨーロッパ』明石書店，37-57 頁．

(27) Deutscher Bundestag, *Druchsache 14/8900*, a.a.O., S. 6.

(28) Ebd., S. 127-129.

(29) このワーキンググループ(Bundesarbeitskreis Freiwilliges Soziales Jahr: BAK FSJ)は，ドイツカリタス連盟(Deutscher Caritasverband)，パリテート福祉連盟，ドイツ赤十字(Deutsches Rotes Kreuz)などの大規模かつ政治的な

影響力も強い団体から構成されている.

(30) BAK FSJ, 2015, „Übersicht zu bereits praktizierten und möglichen Formen der Anerkennungskultur in den Freiwilligendiensten".

(31) BAK FSJ, 2015, „Anerkennungskultur in den Freiwilligendiensten", *Voluntaris*, 3(1) : 134-140.

(32) Zentralstellen aus dem FSJ, FÖJ und / oder BFD, 2017, „Freiwilligendienste voranbringen: Bewährtes stärken — Neues wagen! Positionen der verbandlichen Zentralstellen für Freiwilligendienste im Inland", *Voluntaris*, 5(1) : 138-141.

(33) Deutscher Bundestag, *Druchsache 19/4551*, 26. 09. 2018.

(34) BAK FSJ, 2018, „Stellungnahme verbandlicher Zentralstellen für Freiwilligendienste", 08. 08. 2018.

(35) BMFSFJ, 2018, Aktuelle Meldung „Neues Konzept für ‚Jugendfreiwilligenjahr'", 03. 12. 2018. *Süddeutsche Zeitung*, „Freiwilligendienst mit Adler", 03. 12. 2018.

(36) CDU, 2019, „Das Deutschlandjahr: Ziele, Debatte, Rechtsfragen", 29. 11. 2019.

(37) なお，この「参加できない理由を証明」するという要件は2024年の法改正で撤廃された(第1章注47参照).

(38) Deutscher Bundestag, *Drucksache 19/7839*, 18. 02. 2019.

(39) Deutscher Bundestag, *Plenarprotokoll 19/86*, a.a.O., S. 10080.

(40) なお，統合コース(移民・難民のためのドイツ語研修)などの研修への参加も個別の事情に応じて考慮すべきことが追記されている. Deutscher Bundestag, *Drucksache 19/8643*, 21. 03. 2019.

(41) Deutscher Bundestag, *Drucksache 19/7839*, a.a.O., S. 11-12.

(42) BMFSFJ (Hrsg.), 2015, *Abschlussbericht*, a.a.O., S. 155.

(43) Deutscher Bundestag, *Plenarprotokoll 19/86*, a.a.O., S. 10083-10085. Battenberg, Peter, 2019, „Teilzeitmöglichkeit in den Jugendfreiwilligendiensten — Eine vertane Chance?", *Voluntaris*, 7(1) : 53-55.

(44) Deutscher Bundestag, *Drucksache 18/6021*, 09. 09. 2015, S. 62-64. 山口和人(2016),「人口減少社会ドイツにおける市民活動活性化の意義」『レファレンス』782 : 17-35.

(45) Deutscher Bundestag, *Drucksache 19/7839*, a.a.O., S. 10.

(46) Klenter, Peter, 2015, a.a.O., S. 155.

(47) Deutscher Bundestag, *Plenarprotokoll 19/86*, a.a.O., S. 10089-10090.

(48) 2019年1月時点で連邦ボランティア制度への65歳以上の参加者は436名であり，27歳未満(2万9726名)，27～50歳(6980名)，51～65歳(4731名)と比べて最も少ない．Deutscher Bundestag, *Drucksache 19/8225*, 11. 03. 2019.

(49) Deutscher Bundestag, *Drucksache 19/8643*, a.a.O., S. 6-7.

(50) Deutscher Bundestag, *Drucksache 19/7839*, a.a.O., S. 9-10.

(51) Deutscher Bundestag, *Plenarprotokoll 19/86*, a.a.O., S. 10083.

(52) Deutscher Bundestag, *Plenarprotokoll 19/90*, 22. 03. 2019, S. 10732-10735.

(53) Deutscher Bundestag, *Druchsache 19/4551*, a.a.O.

(54) この取り組みはボランティア制度の運営にかかわる団体による共同プロジェクトであり，連邦家族省から助成を受けている〈https://freiwillig-ja.de/benefits〉.

(55) Deutscher Bundestag, *Plenarprotokoll 19/90*, a.a.O., S. 10730-10731.

(56) Deutscher Bundestag, *Plenarprotokoll 19/86*, a.a.O., S. 10090.

(57) Deutscher Bundestag, *Drucksache 19/7839*, a.a.O.

(58) Deutscher Bundestag, *Drucksache 19/8225*, a.a.O.

(59) BMFSFJ, 2018, a.a.O.

(60) Deutscher Bundestag, *Druchsache 19/4551*, a.a.O.

(61) Deutscher Bundestag, *Plenarprotokoll 19/86*, a.a.O., S. 10083-10084.

(62) Deutscher Bundestag, *Plenarprotokoll 19/90*, a.a.O., S. 10730-10731.

(63) Schlicht, Julia, 2020, „Der erste Zyklus mit dem neuen Freiwilligendienste-Teilzeit-Gesetz — große Erlebnisse, weite Wege“, *BBE-Newsletter*, 23/2020 : 1-4.

(64) Schneider, Anja, 2018, “Flexibilisierung in den nationalen Freiwilligendiensten — eine Bestandsaufnahme“, *Voluntaris*, 6(1) : 64-69. *Süddeutsche Zeitung*, „Sechsmonatige Freiwilligendienste wären hochattraktiv“, 20. 03. 2021.

(65) 参加者や参加経験者によるロビー活動の一例として，交通費の無償化を目指す「#freiefahrtfuerfreiwillige」運動が挙げられる．

(66) 2021年8月現在，CDU，緑の党，SPD，FDP，左派党が言及している〈https://www.bundestagswahl-2021.de/wahlprogramme/〉.

(67) 中村健吾(2020)，「EUによる『欧州2020』戦略と社会的ヨーロッパの行方」，福原宏幸・中村健吾・柳原剛司編，前掲書，12-22頁．

第5章

(1) Krüger, C. G., 2016, a.a.O., S. 76.

注

(2)　「ポピュリズム」の定義としてはミュデとカルトワッセルによる「既成政治を腐敗したエリートの独占物として捉え，これに人民の純粋な意思を対置し，自らを人民の意思を代表する存在と位置づけて既成政治，既成政党を批判する急進的な政治運動」がよく知られている．Mudde, Cas / Kaltwasser, Cristobal Rovira, 2017, *Populism: A Very Short Introduction*, Oxford University Press（＝永井大輔・髙山裕二訳(2018),『ポピュリズム――デモクラシーの友と敵』白水社）．だが，厳密な定義は論者によりさまざまであり，その実態も各国の政治状況により大きく異なる．
(3)　水島治郎(2020),「はじめに」，水島治郎編『ポピュリズムという挑戦――岐路に立つ現代デモクラシー』岩波書店，v-ix 頁．
(4)　宮島喬(2018),「ヨーロッパ・デモクラシーの『危機』？――社会的政治的文脈とその転換」，宮島喬・木畑洋一・小川有美編『ヨーロッパ・デモクラシー――危機と転換』岩波書店，16-18 頁．
(5)　野田昌吾(2020),「『ドイツのための選択肢(AfD)』の台頭」，水島治郎編，前掲書，105-107 頁．
(6)　ドイツでは，Pflichtdienst, Dienstpflicht, Pflichtjahr など，論者によりさまざまな語が用いられており，日本語訳も時代背景や論者により異なる．本書では特に断りのない場合，現在進行形の議論を中心に据えている．また日本語訳は「奉仕義務」に統一して示した．
(7)　Alternative für Deutschland, 2017, „Wahlprogramm: Parteitagsbeschluss vom 22.-23. 04. 2017“, S. 19.
(8)　Deutscher Bundestag, *Drucksache 19/24401*, 18. 11. 2020.
(9)　Deutscher Bundestag, *Plenarprotokoll 19/193*, 20. 11. 2020, S. 24397-24410.
(10)　ドイツの憲法にあたる基本法(Grundgesetz)第 45b 条に定める，軍に特化した行政統制のための機関である．*Grundgesetz für die Bundesrepublik Deutschland* vom 23. 05 1949, BGBl. I S. 1.
(11)　*Zeit Online*, „Neue Wehrbeauftragte regt Wiedereinführung der Wehrpflicht an“, 04. 07. 2020.
(12)　Konrad-Adenauer-Stiftung, 2018, „Pflichtdienst für die Gesellschaft? Optionen und Hürden im Verfassungs- und Völkerrecht“, *Analysen und Argumente*, 316 : 1-11.
(13)　*Frankfurter Allgemeine Zeitung*, „Einmal Guttenberg und zurück“, 03. 08. 2018.
(14)　Christlich Demokratische Union Deutschlands(CDU), „Leitfragen zum neuen Grundsatzprogramm: Parteitagsbeschluss vom 7.-8. 12. 2018“, S. 2.

(15) *Wolfsburger Allgemeine Aller-Zeitung*, „Idee für allgemeine Dienstpflicht stößt auf Skepsis“, 06. 08. 2018.

(16) *Tagesspiegel*, „Allgemeine Dienstpflicht oder Zwang zur Arbeit? Verfassungsbedenken gegen Vorstoß von AKK“, 28. 11. 2019.

(17) *Mainpost*, „Bedenken gegen Dienstpflicht“, 28. 11. 2019.

(18) Deutscher Bundestag, *Druchsache 19/4551*, a.a.O.

(19) BAK FSJ, 2018, a.a.O.

(20) Landtag Nordrhein-Westfalen, *Drucksache 17/8920*, 28. 03. 2020, S. 11.

(21) Landtag Nordrhein-Westfalen, *Plenarprotokoll 17/86*, 01. 04. 2020, S. 3–32.

(22) Landtag Nordrhein-Westfalen, *Plenarprotokoll 17/88*, 14. 04. 2020, S. 3–10.

(23) Kommunalpolitische Vereinigung der CDU und CSU Deutschlands, „Die Zeit für die allgemeine Dienstpflicht ist gekommen“, 02. 04. 2020, 〈https://kpv.de/blog/11073/〉.

(24) *Welt*, „Mit sechs Monaten Dienstpflicht anderen helfen und für das Leben lernen“, 22. 10. 2020.

(25) *Welt*, „SPD-Chefin offen für Pflichtjahr im Dienst der Allgemeinheit“, 06. 07. 2020.

(26) Deutsches Rotes Kreuz, 2020, „Brennpunkt Wohlfahrt 04/2020 — Freiwilliger Wehrdienst im Heimatschutz“, 20. 07. 2020, 〈https://drk-wohlfahrt.de/uploads/tx_ffpublication/Brennpunkt_Freiwilliger_Wehrdienst_im_Heimatschutz.pdf〉.

(27) Der Paritätische Gesamtverband, 2020, Pressemitteilung „Debatte um Pflichtdienst: Paritätischer schlägt sozial-ökologisches Lernjahr für Schüler*innen vor“, 28. 08. 2020, 〈https://www.der-paritaetische.de/alle-meldungen/debatte-um-pflichtdienst-paritaetischer-schlaegt-sozial-oekologisches-lernjahr-fuer-schuelerinnen-vor/〉.

(28) Bundesministerium der Verteidigung, 2020, „‚Dein Jahr für Deutschland‘: Freiwillig die Heimat schützen“, 23. 07. 2020, 〈https://www.bmvg.de/de/aktuelles/-dein-jahr-fuer-deutschland-freiwillig-die-heimat-schuetzen-348578〉.

(29) *Gesetz über die Rechtsstellung der Soldaten*, BGBl. I S. 1482.

(30) Deutscher Bundestag, *Drucksache 19/22674*, 17. 09. 2020, S. 7–8.

(31) 学校教育も授業における「政治」の扱いについて同様の課題を抱えており，AfD が自党に対する非難を「偏向教育」として批判する運動を展開するなどの混乱が生じた．ドイツ政治教育学会は「自由と民主主義の価値を伝えることは教員の責務」として明確に反対しているが，政治的中立性をめぐっては，今

後も混乱が予想される．寺田佳孝(2020)，前掲書，266–291 頁．

(32) Cremer, Hendrik, 2020, „Politische Bildung in der Bundeswehr: Zum Umgang mit rassistischen und rechtsextremen Positionen von Parteien", *Analyse*(Deutsches Institut für Menschenrechte), 1–21.

(33) *Welt*, "Brandenburgs CDU-Chef für Dienstpflicht im Gesundheitswesen", 08. 07. 2020.

(34) *Der Spiegel*, „Kramp-Karrenbauer stellt Freiwilligen Wehrdienst vor", 23. 07. 2020.

(35) *BBE-Newsletter*, 15/2020.

(36) *Deutsche Welle*, „Sozialverbände kritisieren Freiwilligendienst", 23. 07. 2020.

(37) *Welt*, „Ein Werbetrick, um gezielt Minderjährige als Soldaten anzuwerben", 20. 09. 2020.

(38) *Der Spiegel*, „Linke kritisiert "Heimatschutz"-Begriff für neuen Freiwilligendienst", 24. 07. 2020.

(39) *Welt*, "Bundeswehr: Großes Interesse an neuem Freiwilligendienst", 04. 11. 2020.

(40) *Der Bundespräsident*, „Interview mit der Zeitung Bild am Sonntag", 12. 06. 2022, 〈https://www.bundespraesident.de/SharedDocs/Reden/DE/Frank-Walter-Steinmeier/Interviews/2022/220612-Interview-BamS.html?nn=296200〉. なお連邦大統領は通常，儀礼的にドイツを代表する象徴的役割のほかは大きな権限を有しないが，その発言は自由であり，時にその発言が政治的な影響力をもつこともある．森井裕一(2024)，前掲書，7–20 頁．

(41) Deutscher Bundestag, *Plenarprotokoll 20/81*, 25. 01. 2023, S. 9646.

(42) *Süddeutsche Zeitung*, „Deutschlands neuer Verteidigungsminister ‚Ich habe richtig Bock auf den Job'", 27. 01. 2023. 2022～2023 年の議論の詳細は以下を参照．山岡規雄(2023)，「ドイツにおける一般的役務義務の導入に関する議論」『レファレンス』871：63–82.

(43) CDU, 2024, *Grundsatzprogramm der CDU Deutschlands: In Freiheit leben-Deutschland sicher in die Zukunft führen*, 07. 05. 2024, S. 27–40.

(44) *Neue Zürcher Zeitung*, „Ein Fragebogen für alle, Musterung für ein paar, Militärdienst für wenige — sieht so die neue Wehrpflicht in Deutschland aus?", 12. 05. 2024.

(45) 以後の世論調査に関する記述はスプレンディド・リサーチ社による下記調査に基づく．Sprended Research GmbH, August 2020, 〈https://www.splendi

d-research.com/studie-wiedereinfuehrung-wehrpflicht〉. なおドイツ公共放送ZDFによる2020年7月の世論調査では，奉仕義務に約77%が賛成であると報じられている．„ZDF-Politbarometer Juli I 2020", 10. 07. 2020.

(46) ただし若い世代が必ずしも反対というわけではなく，たとえばCDU青年グループは奉仕義務に意欲的である．*Der Spiegel*, „So verteidigt der Junge-Union-Chef die Idee einer Dienstpflicht", 10. 08. 2018.

(47) CDU, 2019, a.a.O.

(48) *Frankfurter Allgemeine Zeitung*, „Kramp-Karrenbauer erwägt Pflichtdienst für Flüchtlinge", 25. 08. 2018.

(49) Deutscher Bundestag, *Drucksache 19/18117*, 24. 03. 2020. AfDホームページ，〈https://afdkompakt.de/2020/03/27/afd-fuer-freiwilligendienst-familien-und-seniorenhilfe-bundestag-lehnt-ab/〉.

(50) 佐藤成基(2019)，「AfD(ドイツのための選択肢)の台頭と新たな政治空間の形成——国民国家の境界をめぐる政治的対立軸」，宮島喬・佐藤成基編，前掲書，135-166頁.

(51) CDU, 2019, a.a.O.

(52) 森井裕一(2018)，「ドイツの移民・難民政策——『移民国』の苦悩」，宮島喬・木畑洋一・小川有美編，前掲書，127-149頁.

(53) 宮島喬(2018)，前掲書，7-11頁.

(54) Simonson, Julia / Vogel, Claudia / Tesch-Römer, Clemens (Hrsg.), 2017, *Freiwilliges Engagement in Deutschland: Der Deutsche Freiwilligensurvey 2014*, Wiesbaden: Springer, S. 181.

(55) Autorengruppe Bildungsberichterstattung (Hrsg.), 2020, a.a.O., S. 130-132 (Tab. D5-4web).

(56) Deutscher Bundestag, *Drucksache 19/22674*, a.a.O., S. 7-8.

おわりに

(1) Deutscher Bundestag, 2023, *Petition 150963*, „Steigerung der Attraktivität der Freiwilligendienste vom 15. 05. 2023".

(2) *Ruhr Nachrichten*, „Über 90.000 Unterschriften gesammelt Petition von FSJ-lerin aus Schwerte ist ein Erfolg", 16. 07. 2023.

(3) Deutscher Bundestag, 2024, „Haushalt 2024: Leichtes Plus im Familienetat", 19. 01. 2024, 〈https://www.bundestag.de/presse/hib/kurzmeldungen-987062〉.

注

図　表

(i)　2011/2012 年度以降の参加者数は以下による．Huth, Susanne, 2022, a.a.O., S. 26-34. なお 2010/2011 年度までの FSJ・FÖJ の参加者数は以下を参照したが，2012 年の青年ボランティア制度支援大綱の改正をはじめとする集計方法や基準の変更が反映されていないため，参考値である．Autorengruppe Bildungsberichterstattung(Hrsg.), 2008, *Bildung in Deutschland 2008. Ein indikatorengestützter Bericht mit einer Analyse zu Übergängen im Anschluss an den Sekundarbereich I*, Bielefeld: wbv Publikation, S. 81(1996～2001). Autorengruppe Bildungsberichterstattung(Hrsg.), 2010, *Bildung in Deutschland 2010. Ein indikatorengestützter Bericht mit einer Analyse zu Perspektiven des Bildungswesens im demografischen Wandel*, Bielefeld: wbv Publikation, S. 263(2002～2008). Autorengruppe Bildungsberichterstattung(Hrsg.), 2016, *Bildung in Deutschland 2016. Ein indikatorengestützter Bericht mit einer Analyse zu Bildung und Migration*, Bielefeld: wbv Publikation, S. 90, Tab. D5-14web.

(ii)　Krüger, C. G., 2016, a.a.O., S. 49(Abb. 1: BA, Bild 183-C12671, Nürnberg, Reichsparteitag, RAD-Parade, Sept. 1937).

(iii)　Krüger, C. G., 2016, a.a.O., S. 145(Abb. 6: Bundesminister Dr. Heck im Kreise der Helferinnen beim Kaffeetrinken, in: Tübinger Brief, Jg. 12, 1965, Nr. 5, S. 117. Foto: ⓒ picture alliance/Aßmann).

(iv)　Krüger, C. G., 2016, a.a.O., S. 272(Abb. 12: Werbebroschüre des DRK, ohne Paginierung, BA, B 189/5786).

(v)　Ökologische Freiwilligendienste Koppelsberg(Hrsg.), 2011, *Der FÖJ-Träger Koppelberg feiert 20 Jahre Freiwilliges Ökologisches Jahr in Schleswig-Holstein.*

(vi)　Bundesamt für Familie und zivilgesellschaftliche Aufgaben, 〈https://www.bundesfreiwilligendienst.de/fileadmin/de.bundesfreiwilligendienst/content.de/Service/Downloads/Flyer/BFD_Flyer_297x210_RZ_2024.pdf〉.

(vii)　Deutschlandfunk, Kramp-Karrenbauer stellt „Dein Jahr für Deutschland“ vor (Picture Alliance / dpa / Bernd von Jutrczenka) 23. 07. 2020, 〈https://www.deutschlandfunk.de/neuer-freiwilligendienst-der-bundeswehr-heimatschutz-das-100.html〉.